혼자는 외롭고
함께는 괴로운
당신에게

외로움과 우정,
사이의 철학

혼자는 외롭고
함께는 괴로운
당신에게

엄성우 지음 · 서울대 윤리교육과 교수

21세기북스

들어가는 글

'홀로'와 '함께' 사이의
알맞은 온도

"인간은 홀로 온전한 섬이 아니다."

No man is an island, entire of itself.

— 존 던 John Donne

'인간人間'이라는 말에는 '사람과 사람 사이'라는 뜻이 담겨 있다. 인간은 홀로 존재할 수 없지만 동시에 혼자만의 시간도 필요로 한다. 그렇기에 우리는 서로에게 너무 가까이 다가가 상처를 주지도, 너무 멀리 떨어져 외로워하지도 않으면서 적당한 거리를 유지해야 한다.

홀로 있음과 함께 있음의 사이, 그 미묘한 간격 속에서 우리는 비로소 인간다운 관계를 배운다. 그 거리의 조율이 바로 좋은 관계의 핵심이며, 우리는 그 사이에서 서로의 존재를 느끼고 따뜻함을 배운다. 알맞은 온도를 나누는 '사이'는 인간관계의 시작이자 완성이다. 그 따뜻한 사이가 우리를 외로움에서 구해주고, 서로에게 닿을 수 있게 해준다. 그렇게 만들어진 친밀한 관계를 우리는 '우정'이라 부른다.

이 책은 외로움과 우정 사이, 사람과 사람 사이에 존재하는 미묘한 온도와 거리, 그리고 그 속에서 피어나는 '사이의 철학Philosophy of Relationships'을 따뜻하고 깊이 있게 탐구하고자 한다.

인간은 언제나 서로 얽혀 살아왔다. 인류 역사상 완전히 '혼자'였던 사람은 없었다. 우리는 본능적으로 함께하고 싶어 하며, 너무 오래 혼자 있을 때는 외로움을 느낀다. 그래서 하루에도 여러 번 친구나 가족, 연인과 만나며 삶을 나눈다. 그럼에도 외로움은 우리를 떠나지 않는다. 연결되어 있으면서도 정작 친하지 않기 때문이다. 어쩌면 그 때문에 더 외로운지도 모른다. "혼자 있으면 외롭고, 함께 있으면 괴롭다."는 말이 괜히 생긴 게 아니다.

많은 사람이 차라리 혼자가 낫다고 느끼는 까닭은 함께함 자체가 나빠서가 아니다. 상대와 좋은 관계를 맺지 못했기 때문이다. 그렇다면 우리는 왜 좋은 관계를 맺는 데 어려움을 겪을까? 어떻게 하면 나를 더 외롭게 만드는 관계를 벗어나 외롭지 않은 관계를 맺을 수 있을까?

요즘 스스로를 "어른인데 어른답지 못하다"고 말하는 사람이 많다. 타인과 깊게 교류하는 경험을 통해 성장할 기회를 갖지 못한 경우가 대부분이다. 어린 사자들이 서로 위험과 부담이 적은 '사냥놀이'를 통해 본능에 새겨진 기술을 익혀 가듯, 인간에게도 어린 시절부터 또래와 어울리며 관계를 배우고 다듬을 시간이 필요하다. 그래야만 서로 좋은 관계를 맺을 줄 아는 성숙한 어른으로 자랄 수 있다.

하지만 오늘의 사회는 그런 기회를 충분히 허락하지 않는다. 형제자매도 드물고 집 밖에서 서로 마음 편히 교류할 '관계의 놀이터' 역시 점점 사라지고 있다. 그런 환경 속에서 몸만 자란 '어른아이'들은 외로움에 못 이겨 누군가에게 다가가지만 서툰 태도로 순진한 기대와 실망만 반복하다가 더 깊은 외로움으로 돌아가곤 한다. 그런 맥락에서 미국의 소설가 조디 피콜트Jodi Picoult의 이 말은 울림을 준다.

"만약 당신이 외로운 사람을 만난다면, 그가 뭐라 말하든, 그

건 그가 고독을 즐기기 때문이 아닙니다. 세상 속에 섞이려 애써봤지만 사람들이 계속 그를 실망시켰기 때문입니다."

사람들은 그 외로움이 어디에서 비롯되고 어떻게 벗어날 수 있는지 자각하지 못한다. 외로운 느낌이 당연하게 이어지고 주위의 점점 더 많은 이가 외로운 삶을 살다 보니 "내 인생은 외롭다"고 자각하는 대신 "인생은 원래 외롭다"고 착각하게 되는 것이다.

우리 시대의 가장 큰 문제는 정작 무엇이 문제인지 모른다는 데 있다. 함께 있으면 괴로워서 사람을 피하고, 혼자 있으면 외로워서 무작정 사람을 붙잡고 매달리지만 그 외로움이 완전히 사라지지는 않는다. '함께함'을 향한 목마름은 사라지지 않는다. 진정한 해답은 고립과 연결, 혼자와 함께 사이의 균형을 다시 배우는 일에 있다.

우리에게 필요한 것은 홀로 있을 때 잘 지낼 수 있는 고독의 힘을 기르는 동시에 건강하고 바람직한 관계를 맺기 위해 노력하는 것이다. 그럴 때 우리는 비로소 '혼자 있을 때는 편안하고 함께 있을 때는 즐거운' 삶을 살아갈 수 있다.

이 책에선 '우정'으로 대표되는 친밀한 관계와 그것이 부재할 때 느끼게 되는 '외로움'을 중심으로 살펴보려 한다. 이를 통해 우리가 어떻게 하면 외로움과 괴로움 사이에서 균형을 찾고 바람직한 인간관계를 만들어갈 수 있는지를 함께 탐구할 것이다.

"우정이나 외로움 같은 건 누구나 다 아는 개념 아닌가? 굳이 새롭게 탐구하고 알아봐야 할까?" 이런 의문이 들 수도 있다. 내 대답은 "그렇다"이다. 사실 우리가 잘 모르면서 안다고 생각하는 개념일수록 오히려 더 주의해서 살펴보아야 한다. 익숙함이 무지를 가리기 때문이다. 너무 익숙해서 안다고 생각하는 개념일수록 깊이 생각하지 않고 사용하게 마련이다. 예를 들어 사랑이나 행복 같은 단어도 누구나 쓰지만, 막상 "사랑이 뭐야?", "행복은 대체 무슨 뜻이야?"라고 물으면 쉽게 답하기 어렵다.

'외로움' 역시 마찬가지다. 내가 지금 외로운 게 맞는지, 외로움에서 벗어나려면 어떻게 해야 하는지, 또 외로움은 어째서 나쁘며, 그리움이나 고독과는 어떻게 다른지 알지 못하면 착각과 무지 속에서 방향을 잃고 헤매기 쉽다.

그러다 보면 자신의 외로움을 제대로 자각하지 못해서

엉뚱한 곳에 화풀이를 하거나, 인공지능이나 반려동물을 통해 외로움을 달래려다 오히려 알 수 없는 공허함에 부딪히기도 한다. 이런 이유로 우리가 일상에서 자주 사용하는 개념을 분명하게 규정하고 이해하는 일은 매우 중요하다. 개념이 명확해야 그것이 삶의 나침반이 되어줄 수 있고, 왜 중요한지 납득해야 스스로 추구할 동기가 생긴다.

'우정'도 마찬가지다. 잘 아는 것 같지만 막상 그것이 무엇이고 왜 가치 있는지 설명하려고 하면 막막해진다. 우정이 무엇인지 모르면서 좋은 친구를 사귀기는 어려우며, 스스로 좋은 친구가 되기는 더욱 어렵다. "왜 이 관계가 힘들까?", "이 사람과 나는 정말 친구일까?"라는 의문이 생길 때도 명확한 기준이 있어야 답을 찾을 수 있다. 그렇기에 우리는 이 오래되고도 친숙한 질문을 다시 던져봐야 한다. 이 책은 바로 그런 질문들에 대한 답을 함께 찾아보기 위해 쓰였다.

1부에서는 외로움을 다룬다. 인간은 사회적 존재이기에 외로움을 느낀다. 어쩌면 외로움은 현대인이 자기도 모르게 가장 자주 경험하는 감정일지도 모른다. 그러나 극복해야 할 문제가 있다면 먼저 그 문제를 제대로 이해해야 한다. 외로움이란 무엇인지, 그리움이나 고독과는 어떻게 다른지, 그리고 어떻게 해야 건강하게 외로움을 이겨낼 수 있는지를 탐구한다.

2부에서는 외로움을 극복하게 해주는 핵심 개념인 '친구'와 '우정'을 다룬다. 아리스토텔레스와 칸트 등 철학자들이 말한 우정의 정의와 특징을 살펴보고, 우정과 낭만적 사랑은 어떻게 다른지 탐구한다. 애매하게만 느껴졌던 '우정'의 의미와 가치를 보다 명확히 이해할 수 있을 것이다.

3부에서는 어디까지가 진짜 '친구'라 할 수 있는지 알아본 후 좋은 친구와 나쁜 친구는 어떻게 다른지 살펴본다. 친구라고 다 같은 친구는 아니다. 함께 있으면 즐겁고 어려울 때 도와주는 좋은 친구가 있는가 하면 만날 때마다 기분을 상하게 하고 자기 필요할 때만 불러내는 '웬수' 같은 친구도 존재한다. 피해야 할 나쁜 친구의 특징을 알아보고 우리가 남에게 좋은 친구가 되기 위해서 어떤 노력을 할 수 있는지도 함께 알아볼 것이다.

마지막 4부에서는 우정과 도덕, 그리고 진실의 관계를 중심으로 자주 제기되는 철학적 의문을 다룬다. 좋은 친구가 되는 일과 좋은 사람이 되는 일은 어떻게 다른가? 두 가치 사이에서 우리는 어떻게 균형을 잡을 수 있는가? 친구에 대해서라면 무조건 좋은 쪽으로 믿어야 하는가? 마음을 열고 자신의 소중한 비밀을 털어놓는 일은 왜 깊은 관계를 만드는 데 중요한가? 이런 질문은 우리가 우정의 본질을 더 깊이 이해하는 데 중요한 실마리를 제공해줄 것이다.

이 책의 목적은 외로움과 우정을 축으로 삼아 바람직한 관계를 위한 철학적 안내서를 제공하는 데 있다. 영국의 신학자이자 철학자인 C. S. 루이스Clive Staples Lewis는 이렇게 말했다.

"철학처럼, 예술처럼, 우정은 생존에 꼭 필요한 가치가 아니다. 다만 우리의 생존을 가치 있게 만들어줄 뿐이다."

이 말은 우정이 가진 가치를 선명하게 보여준다. 인간은 우정 없이도 살아갈 수 있지만, 그런 삶은 비어 있고 메마르다. 우정은 생존의 조건이 아니라 삶을 인간답게 만드는 이유다.

오늘날 '친구'라 불리는 사람들과 '우정'이라 여겨지는 관계는 수없이 많다. 그러나 '좋은 친구'와 '진정한 우정'은 여전히 드물고 귀하다. 우리의 외로움을 달래주고 삶을 지탱해주는 진정한 우정은 결코 저절로 얻어지는 것이 아니다. 그것은 서로를 이해하고 존중하며, 진실한 마음으로 다가갈 때 비로소 만들어진다.

이 책이 있는 그대로의 나를 받아주는 진실한 관계를 만들어가는 여정에서 작은 길잡이가 될 수 있다면 그것만으로도 큰 기쁨이 될 것이다.

2025년 12월

엄성우

읽기 전에 알아두면 좋은 주요 개념

외로움 Loneliness

본문 전체를 관통하는 핵심 개념. '함께함의 부재'를 자각할 때 발생하는 부정적 감정으로 정의되며, 단순한 개인적 기분이 아니라 사회적 동물인 인간의 본성적 감정으로 강조된다.

홀로 있음 Aloneness

물리적으로 혼자 있는 상태를 뜻한다. 단순히 타인이 곁에 없는 객관적 상황을 지칭한다. 그러나 개인이 이를 어떻게 해석하느냐에 따라 외로움으로 이어질 수도 있고, 자유로운 시간으로 경험될 수도 있다.

고독 Solitude

스스로 선택한 홀로 있음으로, 외로움과 달리 긍정적이고 창조적인 측면을 가질 수 있다. 사색·성찰·집중을 가능케 하는 내적 자원의 원천이 되며, 외부 관계에서 거리를 두되 자신과 친밀하게 만나는 시간이다. 외로움과 구별되는 건강한 홀로 있음이다.

그리움 Longing

구체적인 타인이나 관계가 부재할 때 생겨나는 결핍의 감정이다. 단순히 홀로 있는 상태를 넘어서 특정한 누군가와 함께하고 싶은 욕구가 충족되지 못할 때 나타난다. 이는 외로움의 정서적 형태로 여겨지며, 특히 과거의 친밀함이나 상실된 관계와 연결되는 감정이다.

연결된 고립 Connected Isolation

SNS 시대의 특징적 현상. 수많은 팔로워와 연결되어 있으나 진정한 자기 공개와 신뢰가 결여되어 오히려 외로움이 심화되는 역설적인 상황.

아가페 Agape

신성한 사랑을 뜻한다. 신이 인간을 사랑하는 방식, 인간이 신을 사랑하는 마음, 나아가 인류 전체를 향한 보편적 사랑까지 포괄한다. 자기중심성을 벗어난 초월적·무조건적 사랑의 개념으로, 윤리적이고 종교적인 의미가 강하다.

에로스 Eros

특정한 대상을 향한 열정적이고 로맨틱한 사랑을 의미한다. 성적 욕구, 강렬한 몰입, 설렘, 독점성 등이 특징이며, 우정과 가장 뚜렷하게 구별되는 사랑의 형태다. 낭만적 관계에서 주로 드러난다.

필리아 Philia

친밀한 사랑을 가리키는 말로, 아리스토텔레스가 우정을 설명할 때 사용한 개념이다. 단순히 친구 사이를 넘어 가족, 이웃, 동료에서 성립할 수 있는 관계로, 신뢰·애정·정서적 교감을 모두 포함한다.

되비춤 구조 Reflexive Structure

상대의 행복이 나를 기쁘게 하고, 내가 그 기쁨을 느낄수록 상대도 행복해지는 상호 증폭의 구조. 한마디로 '서로의 행복이 서로의 행복을 되비추는 관계'를 말한다. '이기적 이타주의'로도 설명되며 건강한 우정이 성립하는 핵심 메커니즘이다.

던바의 수 Dunbar's Number

한 개인이 진정한 관계를 맺을 수 있는 친구의 수는 약 150명으로 한정된다는 사회학적 개념. 3부에서 제시되며 현대사회의 관계 범위와 '진짜 친구'의 한계를 논의하는 기준이 된다.

사이비 마음 Pseudo-mind

마음을 흉내 내는 시스템의 상태. 즉 마음을 가진 인간처럼 감정을 느끼고 자각하는 의식적 존재를 기능적으로 모방하지만 의식적 경험은 결여된 시스템의 상태라고 할 수 있다.

우호적 희망 Friendly hope

가까운 사이에서 사실을 왜곡하지 않으면서도 상대의 잘됨을 진심으로 바라며 진리 추구의 방식을 조정하는 태도. 즉 진실성과 다정함을 동시에 지키는 '친한 사이의 희망'이라고 할 수 있다.

자기공개 Self-disclosure

진정한 우정에 필수적인 요소. 자신의 비밀이나 약점을 자발적으로 드러내는 행위로, 신뢰의 제스처이자 관계의 깊이를 결정하는 요건으로 다뤄진다. 이때 중요한 것은 상호적 공개로, 한쪽만 일방적으로 자신을 드러내면 오히려 관계의 불균형을 초래할 수 있다.

차례

들어가는 글 '홀로'와 '함께' 사이의 알맞은 온도   5

1부 나는 내가 왜 외로운지 몰랐다

외로움이라는 착각   23
누구나 외로움을 안고 태어난다   41
왜 관계에 점점 서툴러질까   49
외로움은 그냥 사라지지 않는다   64

2부 외로움을 해소하는 친밀한 관계에 대하여

내 삶을 함께할 단 한 사람을 꼽는다면   87
나와 남의 경계가 옅어질 때 얻는 것들   96
이 관계는 사랑일까, 우정일까   116
"괜찮아, 그대로도 충분해"라는 한 마디   124

3부 나와 너, 사이의 철학

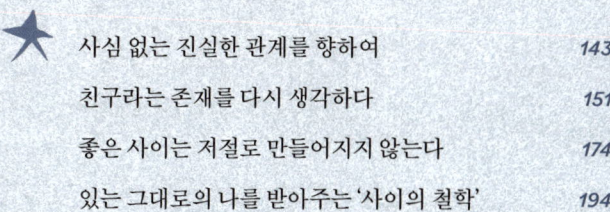

사심 없는 진실한 관계를 향하여	*143*
친구라는 존재를 다시 생각하다	*151*
좋은 사이는 저절로 만들어지지 않는다	*174*
있는 그대로의 나를 받아주는 '사이의 철학'	*194*

4부 삶에 우정을 채우기 위해 알아야 할 것들

'사이'에 필요한 최소한의 덕목에 대하여	*217*
나라는 사람을 더 잘 알게 하는 존재	*229*
친구라서 믿어주고 싶은 마음	*237*
나라는 사람을 오롯이 보이는 법	*247*

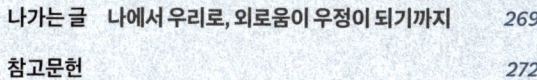

나가는 글	나에서 우리로, 외로움이 우정이 되기까지	**269**
참고문헌		**272**

1부

나는 내가
왜 외로운지
몰랐다

외로움이라는
착각

외로움은 원래 견디기 힘든 감정이다

"홀로임을 즐기는 존재는 짐승이거나 신이다." 아리스토텔레스의 이 말은 인간이 본성적으로 사회적 동물임을 강조한다. 호랑이처럼 사회적 본능 없이 홀로 사냥하며 살아가는 짐승이나, 혼자서도 결핍이 없는 완전한 존재인 신이 아니라면 외로움은 감내하기 어려운 감정이다. 인간은 일시적으로 혼자 있을 수는 있지만 오랜 시간 고립된 채로는 견디기 힘들다. 감옥에서 독방에 가두는 형벌을 가장 가혹하게 여기는 이유가 바로 여기에 있다.

외로움은 단순히 불쾌한 감정에 그치지 않는다. 정신적 건강을 심각하게 위협한다. 사소한 무표정도 거절로 받아들이고, 중립적인 상황도 부정적으로 해석하는 '위협 편향'이 커진다. 그 결과 불안과 우울이 겹치고, 불필요한 걱정과 자기 비난이 반복된다. '나는 환영받지 못한다'는 믿음이 강화되면서 타인을 피하게 되고, 그렇게 관계를 회피할수록 외로움은 더 짙어진다. 외로움은 결국 사람을 세상에서 고립시키는 악순환의 시작점이 된다.

육체적 건강 역시 예외가 아니다. WHO(세계보건기구)가 2025년 발표한 보고서에 따르면, 외로움은 매일 담배 15개비를 피우는 것만큼 건강에 해롭다. 외로움에 따른 건강상 위험은 비만이나 운동 부족보다도 크다고 한다. 외로움이나 사회적 고립을 겪는 사람은 심뇌혈관 질환, 당뇨병, 고혈압뿐 아니라 우울증과 자살 위험이 높고, 사망 위험 또한 평균 26~32퍼센트 증가한다.

이런 지표들이 보여주듯 외로움은 정신적, 신체적 질병의 원인이 된다. 단순히 개인의 감정 문제가 아니라 인간의 존재 방식을 흔드는 사회적 문제다. 외로움은 관계의 부재에서 비롯되지만, 역설적으로 관계를 회피하게 만든다. 함께함의 빛이 존재하는 한 그림자처럼 따라붙는 외로움을 우리는 결코 가볍게 여길 수 없다.

외로움의 시대, 연결은 쉽지만 마음은 멀어지는

흔히 현대를 '외로움의 시대'라 부른다. 그만큼 오늘날 외로움의 문제는 더욱 심각해졌다. 교통과 통신 기술의 발달로 서로 만나고 소통하기는 쉬워졌지만, 역설적으로 진정한 관계를 맺기는 더 어려워졌다. 연결은 쉬워졌으나 마음의 거리는 오히려 멀어진 것이다. 그 결과 외로움의 그림자는 더 짙어졌고 많은 사람이 스스로 '외롭다'고 고백한다.

현대사회의 외로움이 얼마나 심각한지는 세계 각국의 대응에서도 확인된다. 영국은 국민의 외로움과 불안을 관리하기 위해 '외로움부 Ministry of Loneliness'를 신설했다. 이 부처는 '외로움에 대한 편견 줄이기'를 목표로 다양한 캠페인을 벌이고 사회적 처방을 시행하고 있다.

우리나라도 고독사 예방과 외로움 해소를 위한 정책을 적극적으로 추진하고 있다. 그러나 여전히 외로움은 쉽게 줄지 않는다. 한국 사회 전반에 비교와 경쟁의 문화가 과열되고 개인주의가 점점 강해져 '각자도생'을 하려는 태도가 마치 덕목처럼 받아들여지게 되었다. 전통적 가족 구조의 해체와 1인 가구의 증가 역시 외로움을 더욱 확산시키고 있다.

이렇듯 현대의 외로움은 단순한 개인의 감정이 아니라, 사회 구조와 문화가 만들어낸 복합적인 현상이다. 이제 외로움은 젊은 세대의 두드러진 감성으로까지 받아들여지는 실정이다. 최근 어떤 결혼정보회사에서 시행한 흥미로운 설문조사 결과를 보았다. 내용인즉슨 결혼하는 주된 이유 중 하나가 '외로움'인데 이혼하는 주된 이유 역시 '외로움'이라는 것이다. 외롭지 않기 위해 결혼했지만 결국 외로움 때문에 이혼한다니, 이보다 더 아이러니한 상황도 없다. 결국 누군가와 '함께' 산다고 해서 저절로 외로움이 해소되는 것은 아니며 오히려 관계에 따라서는 혼자일 때보다 더 외로워질 수도 있다는 뜻이다.

　그렇다면 외로움loneliness이란 대체 무엇일까? 과연 어떤 관계가 외로움을 줄여줄 수 있을까? 많은 사람이 외로움이 정확히 무엇인지 알지 못한다. 그렇기에 지금 자신이 외로운 건지 아닌지조차 제대로 인지하지 못하고 있으며, 당연히 외로움에서 벗어나려면 어떻게 해야 하는지도 모른다. 그래서 외로움을 극복하기 위해서는 무엇보다 외로움이 무엇인지 그 의미부터 제대로 알아야 한다.

외로움이란 무엇인가

간단히 말해 외로움은 '함께함togetherness의 부재'를 자각함으로써 생긴 부정적 감정이다. 여기서 '함께함'은 가까운 거리에 있는 물리적 함께함을 말하는 것이 아니다. '물리적 함께함'의 부재는 단순히 물리적으로 특정 공간에 홀로 있음을 의미한다. 멀리 떨어진 곳에 혼자 있어도 외롭지 않을 수 있고, 반면에 같은 공간에 함께 있어도 외로울 수 있다. 그렇기에 물리적으로 '홀로 있음aloneness'은 외로움과는 다른 것이다.

가족과 함께 있지만 사무치는 외로움을 느낄 때도 있고 홍대 거리의 많은 사람 틈에 섞여 있으면서도 나만 외톨이 같이 느끼는 '군중 속의 외로움'도 존재한다. 지금 내 옆에 얼마나 많은 사람이 있는가는 중요하지 않다. 그들과 내가 어떤 관계이며 나를 향한 그들의 태도가 어떤지가 중요하다.

경우에 따라서는 진정으로 나를 사랑하고 위해주는 사람들과의 끈끈한 관계에 대한 믿음이 있다면 한동안 그들과 떨어져 지구 반대편에 있다 해도 외롭지 않을 수 있다. 물리적으로는 함께하지 못하지만 그들을 떠올리는 것만으로도 충만해질 수 있는 것이다. 그런 의미에서 우리는 만나지 못해도 가까울 수 있다. 어차피 사람과 사람을 이어주는 건 볼 수도 만질 수도 없는 마음이니까. 이처럼 물리적 거리와 외로움이 반드시 비례하는 것은 아니다.

그런 의미에서 보자면 외로움은 물리적 거리가 아닌 관계의 거리에 따라 결정된다고 할 수 있다. 여기에서 외로움을 다시 '실존적 외로움'과 '관계적 외로움'으로 나누어 생각해볼 수 있다. 우선 실존적 의미에서는 모든 인간이 근본적 의미에서 외롭다고 할 수 있다. 인간은 각각 개별적인 존재자로서 타인과 완전한 소통을 할 수 없기 때문이다. 아무리 친하고 가까운 사이라도 서로의 마음속을 직접 들여다보는 것은 불가능하다.

아마 발가락을 문턱에 찧어 아팠던 경험이 있을 것이다. 1인칭 시점에서 내가 직접 느낀 바로 '그' 경험은 그 누구와도 공유할 수 없다. 그래서 우리는 아플 때 더 큰 외로움을 느끼기도 한다. 너무 아플 때는 심지어 과거나 미래의 나와도 공유하기 어려운 느낌마저 든다.

사랑하는 사람을 떠나보낸 경험도 마찬가지다. 나를 위로하려는 주변 사람들은 다만 자신의 비슷한 경험에 비추어 나의 마음을 미루어 짐작할 뿐이다. 이처럼 우리 마음과 마음 사이의 소통 가능성에는 근본적인 한계가 있다.

또한 우리 각자는 자신의 인생을 스스로 선택하고 책임져야 하기 때문에 실존적으로 외롭다. 예를 들어 누구와 결혼할지, 어떤 직업을 선택할지 등 인생의 앞날이 걸린 중요한 문제를 결정할 때 우리는 실존적 압박감을 느낀다. 이럴 때 남들에게 조언을 구할 수는 있지만 그뿐이다. 결국은 스스로 선택하고 그에 대한 책임도 자신의 인생을 통해 온전히 짊어져야 한다.

이러한 인간의 처지를 두고 실존주의 철학자인 사르트르는 "인간은 자유롭도록 저주받았다."라고 표현하기도 했다. 실존적 외로움은 인간의 근원적인 처지이자 숙명과도 같기에 피할 수 없는 것이라는 뜻이다.

하지만 우리가 여기서 주목할 외로움은 이러한 실존적 외로움이 아니라 관계적 외로움이다. 어차피 인간이 실존적으로 혼자라 해도 그 사실이 반드시 우리를 견딜 수 없게 하는 것은 아니기 때문이다. 우리가 일상적으로 흔히 말하는 외로움은 깊은 정신적 교류가 이루어지는 '관계적 함께함'으로 해소가 가능한 관계적 외로움이다.

인간이라면 누구나 안고 살아가는 실존적 외로움과 달리 관계적 외로움은 바람직한 관계의 부재에서 오는 부정적 감정이라고 할 수 있다. 이러한 종류의 외로움은 주로 주변에 나를 아끼는 사람이 없을 때 느끼게 된다. 현대의 심각한 사회적 문제로 여겨지는 외로움이란 바로 이 관계적 외로움이고, 앞으로 이 책에서 '외로움'은 관계적 외로움을 의미하는 말로 쓸 것이다.

외로움은 '부재의 감정'이다

그렇다면 우리가 다룰 외로움은 '(관계적) 함께함의 부재'를 자각함으로써 생긴 부정적 감정이라고 이해할 수 있다 (앞으로는 '함께함'이라는 말도 '물리적 함께함'이 아닌 '관계적 함께함'을 의미한다). 외로움이 지닌 독특한 점은 그 감정이 향하는 구체적인 대상이 없는 '부재'의 감정이라는 것이다.

 좀 더 잘 이해하기 위해 다른 감정들과 비교해보자. 외로움과 달리 공포나 분노는 구체적인 대상을 갖는 감정이다. 가령 공포의 경우에는 어둠이나 살인마처럼 위험하다고 느끼는 특정 대상이 있다. 분노의 경우에도 배신자나 사기꾼처럼 화나는 마음이 향하는 구체적인 대상이 존재하게 마련이다. 이처럼 공포나 분노의 경우는 구체적인 대상도 있고 그 계기가 되는 사건 역시 드러나기 쉽다. 그런 이유로 자각하기도 쉽고 그 대상이 사라지면 감정이 함께 해소되기도 한다.

이와 달리 외로움의 특징적인 대상은 특정한 상대가 아니라 '부재'다. 부재는 특정한 계기가 없으면 느껴지지 않는다. 그 대상도 불분명하고 느낌도 생생하지 않은 외로움이란 감정은 깊고 은은하게 깔리는 안개를 닮았다. 벌한테 쏘이면 아프지만 거머리한테 물리면 피를 빨리면서도 고통을 자각하기 어렵다. 외로움의 느낌은 후자에 가깝다. 외로움은 강렬한 공포나 분노와 달리 스며드는 감각의 아픔이기 때문에 스스로 인지하기 어려운 것이다.

그래서 외로움을 느낄 만한 상태에 처해도 다른 감정으로 덮어씌워지거나 착각을 해 스스로 자신이 외로운 줄 모를 때가 많다. 실체가 불분명하다 보니 슬픔, 우울, 무기력 등 외로움과 함께 찾아오기 쉬운 다른 부정적 감정과 혼동하기도 한다. 따라서 자신의 가라앉은 기분이 외로움에서 나오는 것인지 파악하려면 먼저 외로움을 개념적으로 정확히 이해할 필요가 있다.

외롭지만 그립지는 않은

우선 외로움은 '그리움longing'과 다르다. 외로움이 누구도 곁에 없음으로 인한 것이라면 그리움은 곁에 없는 누군가로 인한 것이다. 즉 외로움과 달리 그리움은 '구체적인 대상'이 곁에 없을 때 느끼는 감정이다. 주로 현재의 결핍에 초점을 맞추는 외로움과 달리 과거의 경험이나 존재에 대한 회상적 정서를 가지며 현재는 곁에 없는 특정 대상을 향한다.

함께하고픈 존재를 떠올리는 마음이기에 따뜻한 느낌도 있지만 동시에 그 존재가 곁에 없다는 자각 때문에 슬픔의 정조가 스며드는 감정이다. 따뜻하게 돌봐주시던 할머니가 돌아가시거나 함께 지내던 연인이 멀리 외국으로 유학을 가게 되면 어떤가? 우리는 그 사람을 그리워하게 된다. 이러한 그리움의 감정을 우리는 흔히 '보고 싶다'는 말로 표현한다.

애초에 그리워할 존재가 없는 사람은, 외로움은 느끼더라도 그리움은 느끼지 않을 것이다. 이 미묘한 차이를 잘 보여주는 사례가 만화 〈나루토〉에 등장한다. 주인공 나루토와 사스케는 결투를 하면서 서로 누가 더 불행한지에 대해 이야기한다. 나루토가 자신은 태어나면서부터 가족이 없어서 줄곧 혼자인 채로 외롭게 살았다고 말하자, 사스케는 사랑하던 가족이 있었지만 모두 죽어버려서 그 상실감이 너무 크다고 말한다.

나루토와 사스케의 대화는 외로움과 그리움의 차이를 잘 보여준다. 곁에 사랑하는 사람이 없는 나루토와 사스케는 둘 다 외롭다고 할 수 있다. 하지만 사스케는 세상을 떠난 가족에 대한 그리움을 느끼는 반면 나루토는 애초 그리워할 가족이 없기에 그리움을 느끼지 못한다. 이처럼 외로움이 곁에 '아무도 없음'에서 느끼는 감정이라면 그리움은 곁에 '바로 그 사람이 없음'에서 느끼는 감정이다.

외로움과 고독은 어떻게 다른가

또한 외로움은 '고독solitude'과도 다르다. 고독은 '선택된 홀로 있음'으로 자기 성찰의 시간이 되기도 하며 반드시 부정적인 감정을 수반하지는 않는다. 인간은 함께 있는 시간만큼 혼자만의 시간도 필요한 존재이기에 외로움과 달리 고독은 적극적으로 누려야 하는 무언가다. 신학자이자 철학자인 폴 틸리히Paul Tillich는 이 둘의 차이를 두고 다음과 같이 말한다.

"우리 언어는 인간의 홀로 있음이 갖는 두 측면을 현명하게 포착해왔다. 홀로 있음의 괴로움을 표현하기 위해 '외로움'이라는 단어를 만들었고 홀로 있음의 영광을 표현하기 위해 '고독'이라는 말을 만들었다."

정치철학자 한나 아렌트 Hanna Arendt는 고독한 사람은 '자신과 함께' 둘이서 하나 two-in-one로 존재하는 데 비해 외로운 사람은 모든 다른 이에게서 버림받아 '홀로' 존재한다고 말하기도 했다. 외로운 사람은 '남'과 함께 있지 못해 홀로이고 고독한 사람은 '나'와 함께 있기 위해 홀로인 것이다.

이처럼 고독은 외로움과 달리 극복해내야 할 부정적인 상태가 아니라 오히려 홀로 있는 시간을 잘 보내는 상태라고 할 수 있다. 홀로 있다고 해서 모두 외로워지는 것은 아니며 자신의 마음가짐과 태도에 따라 부정적이지 않은 홀로 있음, 즉 '고독'의 상태를 누릴 수도 있다는 것이다.

고독과 외로움은 '홀로 있음'이라는 동전의 양면이다. 인간에게는 함께하는 시간만큼이나 혼자 있는 시간도 필요하다. 특히 일상 속에서 너무 많은 사람과 관계를 맺고 교류하며 지친 이들에게는 그 시간이 더욱 절실하다. 외로움은 때로 심각한 문제가 되기도 하지만 그것이 고독의 가치를 부정하는 것은 아니다.

고독을 누린다는 것은 자기 자신과 건강한 관계를 맺는다는 뜻이다. 쇼펜하우어는 인간이 고독한 정도만큼만 자기 자신일 수 있고 자유로울 수 있기에 마땅히 고독을 견디는 법을 배워야 한다고 했다. 고독은 자기가 가진 생각들을 정리하고 진정한 자신을 마주하며 자유로운 상상에서 우러나오는 창조적 영감을 길어낼 기회가 되기도 한다.

생각을 정리하는 시간이든 아니면 에너지를 충전하는 시간이든 누구에게나 나만의 시간이 필요하다. 그래야 다시 일상으로 돌아갈 수 있다. 그 시간 동안 자신의 생각과 감정을 정리하거나 자기계발의 기회를 마련할 수도 있다. 즉 고독을 제대로 누릴 줄 아는 사람은 홀로임을 못 견디는 사람보다 더 건강한 삶을 살 수 있다는 뜻이다.

흥미롭게도 홀로 잘 있을 수 있는 사람이 함께도 잘 있을 수 있다. 외로움을 피하기 위해 만난 사람들끼리는 깊은 관계를 맺기 어렵다. 서로의 외로움을 달래주지 못하기 때문이다. 단지 혼자인 게 싫고 두려워서 누군가를 만나려고 하면 상대를 수단으로 여기게 된다. 이런 관계로는 근원적인 외로움을 해소하기 어렵다.

고독을 누릴 줄 아는 태도는 다른 사람과의 바람직한 관계 맺기를 위해서도 중요하다. 외로움을 회피하려는 목적으로 만나는 관계에서는 우정과 같은 진실된 감정을 나누기 어렵고 즐거움도 좀처럼 지속되지 않는다. 홀로 있음을 두려워하거나 방치하지 말고 적극적으로 누리는 고독의 태도를 키우는 일이 필요하다. 고독을 누릴 줄 아는 것도 사람을 잘 사귀는 것만큼이나 외로움을 극복하는 데 중요한 삶의 태도다.

외로움이 우리에게 보내는 신호

외로움은 그리움과 달리 구체적 대상에 대한 감정도 아니고 고독과 달리 긍정적인 면을 가진 태도도 아니다. 그렇다면 감정으로서의 외로움은 어떤 특징을 갖고 있을까?

우선 외로움이라는 감정은 쉽게 자각되지 않는다. 그래서 객관적으로 외로움을 '느낄 만한' 상태임에도 불구하고 인지하지 못하기도 한다. 앞서 말했듯 외로움은 부재의 감정이고 누군가가 '없다'는 사실은 특별한 계기 없이는 좀처럼 자각되지 않기 때문이다.

미처 외로움을 의식하지 못하고 있었는데 누군가가 안아주며 "너 그동안 참 외로웠구나."라고 말해줄 때 눈물이 주르륵 흐르는 경우도 있다. 또 명절 기간에 다른 친구들이 모두 가족에게 돌아가고 혼자만 기숙사에 남겨질 때 비로소 친밀한 관계의 부재를 인지하고 외로움을 자각하기도 한다.

또한 다른 감정이나 생각이 의식을 지배하는 동안에는 외로움을 자각하지 못할 수도 있다. 때로는 외로움이라는 감정의 굴레에서 벗어나고 싶어서 일이나 운동에 몰입한다든지, 끊임없이 사람을 만나러 다닌다든지, 쇼핑을 하고 맛있는 음식에 집착하면서 잠시 잊으려 하기도 한다. 몸을 바삐 움직이고 정신을 다른 곳에 집중하면 주관적 외로움을 느끼는 시간을 줄일 수 있기 때문이다. 때로 우리는 나만 외로운 것이 아니라 다른 사람들도 외로울 때가 많다는 사실에서 위안을 얻기도 한다. 직접적인 교류는 없더라도 나와 비슷한 처지에 있는 사람이 있다는 것만으로도 외로움이 달래지는 것이다.

하지만 이런 식으로 주관적인 외로움의 '느낌'을 줄인다고 해서 외로움을 근본적으로 해소해줄 친밀한 관계가 부재한다는 객관적 사실이 바뀌지는 않는다. 임시방편적인 방치나 회피로는 외로움을 근본적으로 극복하기 어렵다. 외면한다고 해서 외로움이 사라지는 것도 아니다. 고개만 돌리면 외로움은 여전히 거기에 있다.

잠시 외로움을 잊게 해주는 다른 활동에 몰입하는 것도 언젠가는 꿈에서 깨듯 끝나게 되어 있다. 언젠가는 다시 외로운 현실로 돌아가야 한다. 다른 사람이 외롭다는 사실도 결국 나를 외롭지 않게 해주지는 못한다. 그냥 함께 외로울 뿐이다.

우리의 외로움은 단순한 불쾌감이 아니다. 인간의 본성적, 사회적 필요가 충족되지 않았음을 보여주는 중요한 감정적 신호다. 이는 우리 몸에서 통증이 하는 역할과도 비슷하다. 통증이 있다는 건 어딘가에 상처가 났다는 뜻이며 그 부위를 제대로 치료해야 한다는 신호다. 이때 통증을 줄이는 마취 주사만 놓는다면 근본적인 원인을 찾을 수 없다. 통증은 상처를 빨리 치료하라는 신호인데 그걸 무시하면 병만 더 키울 뿐이다.

마찬가지로 외로움도 그 자체로 해결하면 끝나는 문제가 아니라 더 중요한 문제를 찾기 위해 해석해야 할 신호다. 외로움을 극복하기 위해서는 외로움을 직면하고 그 진짜 원인을 찾아 해결해야 한다. 통증이 상처의 존재를 알려주듯 외로움은 우리에게 바람직한 '함께함'의 부재를 알려주는 내면의 감정적 경고다. 상처를 찾아 치료할 생각은 하지 않고 그 사실을 외면하거나 마취제를 맞아 통증을 줄일 생각만 한다면 그 상처는 계속해서 우리의 건강을 위협할 것이다. 마찬가지로 본인의 인간관계에 문제가 있음을 외면한 채 외로운 느낌만 회피하려 하는 대증적 대처만으로는 외로움을 제대로 극복할 수 없다.

이처럼 주관적 외로움과 객관적으로 외로울 만한 상황이 항상 함께 가는 것은 아니다. 외로울 만한 상황에서 외로움을 못 느끼는 경우도 있지만, 반대로 외롭지 않아도 될 상황에서 외로움을 느끼는 경우도 있다. 나를 진정으로 아껴주는 사람들이 곁에 있는데도 그 사실을 자각하지 못하거나 왜곡해서 받아들임으로써 주관적 외로움을 느끼는 경우다. 이는 마치 햇살이 이미 창밖에서 비치고 있는데 커튼을 닫은 채 어둡다고 느끼는 사람과도 같다. 곁에 따뜻한

볕이 비추고 있지만 스스로 마음의 커튼을 열지 못해 그 온기를 느끼지 못하는 것이다.

감정은 주관적인 느낌과 그것을 느끼게 만드는 객관적인 상황으로 나누어 생각해볼 수 있다. 우리가 해야 할 일은 외로운 '느낌'을 외면하고 덮으려 하기보다 실제로 외로울 만한 상태에서 벗어나는 건강한 관계를 만드는 것이다. 동시에 그러한 관계를 제대로 자각하고 인식함으로써 주관적으로 괜한 외로움을 느끼는 일이 없도록 해야 한다.

통증이 육체적 경고라면 외로움은 심리적 경고다. 지금 내가 느끼는 외로움은 나를 둘러싼 관계나 상황 등에 문제가 있으니 '이대로 있으면 안 된다'는 신호인 셈이다. 평소에 나의 상태를 잘 살펴보고 돌봐야 한다. 이 신호를 대수롭지 않게 여기고 억누르거나 애써 외롭지 않다고 부정하면 자기 소외와 자존감 상실 등으로 개인의 정신건강에 심대한 영향을 미치게 된다. 단순히 외로움의 주관적 느낌만 줄이려 하기보다 그 근본적 원인이 어디에 있는지 구체적으로 파악한 후, 이를 극복하기 위한 방법을 적극적으로 찾아서 실천해나갈 필요가 있다.

누구나 외로움을 안고 태어난다

인간, 홀로이면서 함께여야 하는 존재

인간은 사회성과 개별성을 동시에 갖고 있다. 홀로 존재하는 것이 아니라 다양한 사람들과 교류하면서 그들에게서 인정받기 위해 애쓰고, 그 과정에서 서로 아끼고 사랑하고 소통하면서 살아가는 존재다. 사회성을 추구하면서도 동시에 개별자로서 독립된 자아를 갖고 있다. 이때의 자아^{ego}는 인간의 정체성에 중요한 역할을 한다. '자아'는 한 개인이 자기 자신을 인식하고 이해하는 개념으로서 정체성, 사고방식, 감정, 행동을 형성하며 환경과의 상호작용을 통해 지속적으로 변화하고 발전한다.

사회성만 있으면 개인으로서의 자아가 없고, 개별성만

있으면 관계를 기대하지 않는다. 인간은 어떤가? 사회성과 개별성을 함께 지니고 있기에 사회적 관계를 추구하는 동시에 개인으로서의 자신에 대해 자각할 수 있다. 그래서 혼자일 때도 그저 혼자 있는 것이 아니라 '나는 지금 누구와도 함께 있지 못하고 홀로 있다'라는 사실을 선명하게 의식하는 것이다. 바로 이런 사실에 대한 메타적 자각 능력이 '외로움'이라는 감정을 느낄 수 있게 해준다.

인간처럼 사회성과 개별성을 겸비한 동물은 찾아보기 힘들다. 일례로 개미는 개별적 자의식은 없지만 사회적 협동을 가능케 하는 본능적 체계를 갖고 있다. 여왕개미를 필두로 계급별로 역할을 분담하고 페로몬이라는 화학물질을 이용해 의사소통하면서 분업과 협력으로 공동의 목표를 달성해나간다. 하지만 그들에게는 인간의 자아가 내포하고 있는 개별성이 없다. 공동체 속 존재로서의 그들의 삶은 개별적 선택보다는 집단적 기능의 연속이다.

반면 호랑이는 개별성이 두드러진 동물이다. 가족 단위로 무리를 지어 생활하는 사자나 늑대와 달리 호랑이는 주로 혼자 생활하면서 단독 사냥으로 먹잇감을 구하고 자신의 영역을 지킨다. 어미와 새끼는 강한 유대감을 갖고 있지만 수컷 호랑이는 두 살이 지나면 어미 곁을 떠나 단독생활을 한다. 호랑이는 사회적 교류에 대한 본능적 요구가 적다. 그런 의미에서 호랑이는 인간에 비해 본능적 사회성이 적고 개별성이 강한 동물이다. 혼자 존재하지만 사회적 관계를 기대하지 않기 때문에 개별성이 있어도 인간만큼 외로움을 느끼지는 않는 것이다.

이 두 극단의 예를 보면 인간이 얼마나 독특한 존재인지 알 수 있다. 인간은 드물게 개별성과 사회성을 동시에 지닌 존재다. 한편으로는 독립된 존재자로서의 삶을 추구하며 때때로 혼자만의 고독을 필요로 한다. 다른 한편으로는 다른 사람들과의 관계 속에서 안정과 소속감을 찾기도 한다. 유의미한 관계의 부재를 느낄 때는 군중 속에서도 혼자가 된 것 같은 외로움을 느낀다.

이렇게 놓고 보면 인간이란 참 피곤한 존재 같기도 하다. 개별성과 사회성을 동시에 지녔으며 거기서 비롯된 복합적 감정을 감내해야 하는 독특한 존재이기 때문이다. 그런 인간으로서 살아가려면 '홀로'와 '함께'의 경계를 오가며 자신만의 균형을 찾아야 비로소 괴롭지도 않고 외롭지도 않은 건강한 마음을 유지할 수 있다.

외로움은 인간의 본성이다

인간이 사회적 동물이라는 점을 감안한다면 외로움은 단지 개인이 가진 욕구가 채워지지 않아서 우연히 생기는 감정이 아니다. 즉 어쩌다 '사회적 관계를 기대했기 때문에'가 아니라 사회적 동물인 '인간의 본성상 필요하기 때문에' 느끼는 감정이다. 그런 점에서 다른 사람과 함께하고 싶은 욕구는 명품 가방과 같은 사치품에 대한 욕구와 달리 배고픔처럼 본성적으로 생기는 결핍감에 가깝다.

명품을 그리 좋아하지 않는 사람이 있다고 해서 "너 사람 맞아? 참 신기하네?"라고 하지는 않을 것이다. 반면 다른 사람과 교류하는 것이 전혀 즐겁지 않을뿐더러 평생을 혼자 살아도 외로움을 아예 느끼지 않는 사람이 있다고 해보자. 이런 사람이 있다면 우리는 일단 의아해할 것이다.

물론 어떤 사람들은 혼자 있는 시간을 훨씬 편안하게 느끼고, 다른 사람과 어울리는 일보다 혼자만의 고요함 속에서 더 큰 평화를 얻기도 한다. 그런 성향 자체가 이상하다는 말이 아니다. 다만 인간이 사회적 존재라는 점에서 볼 때 대부분의 사람에게는 관계를 맺고 교류하는 일이 정서적 안정과 의미의 중요한 기반이 된다는 사실을 부정하기 어렵다는 뜻이다.

만약 누군가가 오랜 시간 다른 사람들과 아무런 교류 없이도 전혀 외로움을 느끼지 않고 오히려 심한 거부감을 보인다면, 단순한 성향의 차원으로만 보기 어려울 것이다. 인간이라면 누구나 관계를 필요로 하기에 그 사람이 어떤 삶의 경험이나 심리적 배경 속에서 그런 태도를 갖게 되었는지 자연스레 궁금해진다.

이처럼 인간은 개별적인 사건이나 독특한 성향이 있지 않는 한 다른 사람과 함께하고 싶어 하는 성향을 타고났다. 그러므로 외로움을 특정인의 성향에 따른 문제로 치부해서는 안 된다. 누군가와 친밀한 관계를 갈구하고 그것이 채워지지 않았을 때 외로움을 느끼는 성향은 사회적 동물인 인간이라면 누구나 타고나는 본성에 가깝기 때문이다.

자존감과 외로움의 굴레

외로움은 또한 자기 자신이나 상황에 대한 부정적 평가를 내포하는 감정이다. 즉 이 감정을 느끼려면 단순히 '혼자 있다'라는 자각만 하는 것이 아니라 그 상태에 대한 부정적인 평가가 더해져야 한다. 나의 선택으로 혼자 있는 것이 아니라 어쩔 수 없이 혼자일 때, '나는 혼자이고 아무도 찾아주지 않는 사람이야'라는 생각이 들 때 비로소 홀로 있음은 '외로움'으로 이행된다.

이런 상황은 자존감이 낮으면 더욱 부정적인 요인으로 작용한다. 앞서 언급했듯 외로움은 자아개념과 밀접하게 연관되어 있기 때문에 자존감과 떼려야 뗄 수가 없다. 자존감은 자신을 가치 있고 소중한 존재로 여기면서 나를 사랑하고 존중하는 마음이다. 타인과 나를 비교하지 않고 자신의 가치와 능력을 인정하면서 있는 그대로의 자신을 긍정적으로 바라보는 감정으로, 긍정적이고 주도적인 태도로 삶을 살아가는 데 아주 중요한 요소다.

낮은 자존감은 외로움의 악순환에 들어가게 할 수 있다. 자존감이 낮은 사람은 단순한 홀로 있음도 타인의 거절로 해석해 외로움을 더 크게 느낀다. 외롭다는 자각이 불안과 좌절을 불러일으키고 다시 자존감을 무너뜨린다. 심한 경우에는 자기 비하에 빠지기도 한다. '내가 과연 누군가에게 가치 있는 존재이긴 한 걸까?'와 같은 근원적인 의문을 품으면서 자신의 존재 가치에 의구심을 갖게 되는 것이다.

그래서 자존감이 낮은 사람일수록 타인의 인정과 관계

속에서 위안을 얻으려 한다. 누군가가 나를 선택하고 함께 하려 한다는 사실 자체가 내 존재의 가치를 확인시켜주는 증거가 되기 때문이다. 내가 무가치한 존재였다면 그 사람도 나의 곁에 있으려고 하지 않을 테니 말이다.

반면 자존감이 높은 사람은 홀로 있음을 다르게 받아들일 수 있다. 그런 사람은 혼자일 때도 그것을 타인이 거절한 결과로 해석하기보다 자신이 직접 선택한 결과로 보는 경우가 많다. 마음만 먹으면 언제든 다른 사람과 함께 할 수 있다는 믿음이 있기 때문이다. 그렇기 때문에 자존감이 높은 사람은 단지 홀로 있다는 사실만으로 스스로에 대해 부정적인 평가를 내리지 않는다. 이들은 외로움을 고독으로 승화시키는 법을 안다. 그런 자신감 덕분에 홀로 있을 때 타인을 갈구하며 외로워하는 대신 혼자만 있을 때 가능한 성찰과 평안과 창조의 시간을 누릴 수 있는 것이다.

이처럼 외로움과 자존감은 아주 밀접한 연관관계가 있다. 외롭다는 자각이 들면 급격히 불안해지고 좌절감을 느끼면서 존재의 의미와 가치에 대해서도 의구심을 갖기 쉬워진다. 사회적 동물인 인간은 그만큼 타인에게 자신의 가치를 인정받고 싶어 하는 경향이 강하다.

나 자신이 스스로에게 부여하는 가치만으로는 부족하다. 자기가 주는 가치는 실제가 아닌데 자기만 그렇게 믿는 '정신 승리'로 끝날 위험이 있기 때문이다. 그럴 때 누군가가 나에게 관심을 보이면서 다가와주면 자존감이 자연스레 회복된다. 나의 부재보다 존재를 선호해주는 고마운 사람들을 보면서 '역시 태어나길 잘했다'는 생각이 들기도 한다. 나를 사랑하고 아껴주는 누군가가 곁에 있다는 사실이 자신의 존재 가치를 다시 되새기게 해주기 때문이다.

왜 관계에 점점
서툴러질까

'요즘 사람'들이 더 외로운 이유

지금까지 외로움이 가진 의미와 특징에 대해 알아보았다. 그렇다면 외로움이 현대사회의 대표적인 감정이 된 이유는 무엇일까? 바람직한 '함께함'을 하기가 더욱 어려워졌기 때문이 아닐까 싶다. 좀 더 구체적인 이유로는 개인주의와 자본주의의 영향, 가족 공동체의 해체, 디지털 기술의 발전을 들 수 있다. 이 요소들은 현대사회의 대표적인 특징으로 함께하는 삶이 지니는 긍정적인 경험의 기회를 박탈한다. 그럼 한 가지씩 살펴보도록 하자.

각자도생은 어떻게 외로움을 생산하는가

우선 현대사회에서는 자기 삶에만 신경 쓰고 남에게는 관심이 없는 '각자도생各自圖生'식 개인주의가 외로움을 더욱 악화시키고 있다. 자신의 삶에만 몰입하다 보니 타인의 삶에 관심을 기울일 여유가 없고, 관계는 점점 얕아지고 피상적으로 변한다. '당신에게 피해주지 않을 테니, 당신도 나에게 간섭하지 말라'는 식의 태도는 서로에게 편안해 보이지만 결국 마음의 거리만 넓히는 관계일 뿐이다.

또한 오늘날의 사회에서는 관계를 포함한 삶의 많은 부분이 '주어지는 것'이 아니라 스스로 선택해야 하는 것이 되었다. 이로 인해 개인의 자유가 신장된 것은 분명 긍정적인 변화지만, 동시에 그 자유 속에서 소중한 관계를 잃어버린다면 그것은 결코 작은 대가가 아니다. 자유는 관계의 기반 위에서 비로소 의미를 갖기 때문이다.

어쩌면 모든 사람에게서 완전히 '자유로운' 삶은 결국 아무에게도 속하지 못하는 외로운 삶일지 모른다. 나의 존재를 비춰주고 나의 가치를 담아줄 사람이 없다면 그 텅 빈 자유가 있다 한들 무슨 의미가 있겠는가. 가치 있는 자유란 혼자만의 고립이 아니라 그 자유마저 기꺼이 포기할 수 있을 만큼 소중한 존재를 갖는 데서 비롯되는지도 모른다.

요즘에는 자본주의적 소비문화의 영향으로 인간관계마저도 언제든 선택하고 바꿀 수 있는 대상으로 여겨지는 경향이 강해졌다. 게임 캐릭터를 고르듯이 데이트 상대를 고르는 각종 데이트 앱이나 스펙으로 점수를 매겨 매칭을 해주는 결혼정보회사처럼 말이다. 자연스럽게 이어지는 만남을 갖기보다 마치 상품을 고르듯 서로의 조건이나 배경을 비교하며 관계를 맺는 경우가 많아졌다. 서로의 성향이 조금이라도 다르면 금세 거리를 두거나 관계를 정리하는 일도 흔하다. 마치 상품을 '환불'하듯 말이다.

게다가 그런 선택은 나만 할 수 있는 것도 아니다. 이처럼 관계가 손쉽게 만들어지고 끊어질 수 있는 시대에는 그 누구라도 언제든 선택받지 못하거나 쉽게 대체될 수 있다는 뜻이기도 하다. 이런 상태에서 비롯된 불안과 스트레스는 함께 있을 때 편안하지 못하게 할 뿐만 아니라 혼자 있을 때의 외로움을 한층 깊게 만들기도 한다.

이런 관계가 보편화되면 어떻게 될까? 함께 오랜 시간을 견디며 미운 정 고운 정이 드는 과정에서 천천히 형성되는 끈끈한 유대 관계를 찾기 어려워진다. 가까이에서 서로

'지지고 볶는' 관계를 형성할 기회가 줄어든다는 말이다. 더불어 친밀한 관계 형성을 위한 밑거름이자 사회적 기술인 공감, 배려, 양보 등을 충분히 발달시킬 기회도 함께 사라져갈 수 있다. 설사 그런 덕목을 개발할 기회가 있다고 해도 시간을 투자하지 않거나, 관계에서 오는 상처를 피하려고 아예 외면하는 경향이 강해지고 있다.

인간도 물건도 정이 들려면 진하게 교류하는 넉넉한 시간이 필요하다. 비유를 하나 해보자. 예전에 카세트테이프로 음악을 들을 때는 듣고 싶은 곡만 건너뛰고 듣기가 어려워 한 곡 한 곡을 자연스럽게 익혔다. 처음엔 낯설던 노래도 반복해서 듣다 보면 어느새 익숙해지고 정이 들어 있었다. 지금은 어떤가? 원하는 부분만 듣고 쉽게 넘길 수 있는 시대다. 처음 들어서 좋지 않으면 끝까지 듣지 않을뿐더러 좀처럼 다시 찾지 않게 된다.

인간관계도 그와 비슷하게 변하고 있다. 서로의 단점까지도 알아가며 깊어질 여유를 갖기보다 빠르게 호감을 확인하고 금세 흥미를 잃는 경우가 많다. 마치 빠르게 눈을 사로잡는 숏폼이 시시각각 다른 영상을 계속해서 클릭하게 만들듯 관계에서도 '함께 머무는 시간', 즉 서로 익숙해지고 정이 들면서 진정한 친밀함이 자라날 수 있는 시간이 점점 줄어드는 것이다.

요즘 우리는 개인의 선택을 존중하고 선을 넘지 않아야 한다는 의식이 강해지면서 오히려 많은 것을 놓치고 있지는 않은가? 물론 개인의 자유와 사생활은 매우 소중하다. 하지만 사람은 함께할 때만 느낄 수 있는 온기와 관계의 가치 속에서 성장한다. 자유와 관계, 이 두 가지는 서로 대립되는 것이 아니라 서로를 완성시키는 요소다. 결국 중요한 것은 어느 한쪽에 치우치지 않고 적절한 균형을 찾아가는 일이다.

스페인의 철학자 발타자르 그라시안Baltasar Gracián은 "우리가 얻는 최고의 것은 대부분 다른 사람들에게 달려 있다."라고 말했다. 사랑하는 사람들과의 친밀한 관계는 그중에서도 가장 중요한 것이라 할 만하다. 자신만을 위한 삶을 추구하다가 자기가 얻을 수 있는 최고의 선물을 받지 못하는 어리석음을 범하지 않도록 주의해야 한다.

피상사회, 관계를 계산하는 사람들

우리가 외로움을 느끼는 데는 가족 공동체의 해체 역시 큰 몫을 하는 듯하다. 오늘날의 가족은 핵가족이 전형이 되었으며 1인 가구의 비중이 폭증하고 있다. 행정안전부의 인구통계에 따르면 전국의 1인 가구 수가 지난 2024년 사상 처음으로 1,000만 가구를 돌파했다고 한다. 특히 청년층의 비혼 가구가 늘어나면서 결혼과 출산율이 감소하고 있으며, 중장년 1인 가구 증가는 독거노인의 사회 문제로까지 이어지고 있다.

대가족에서 핵가족을 거쳐 1인 가구가 급증한 지금, 외로움을 덜어줄 최소한의 일상적 연결이 끊어지고 있는 것이다. 과거에는 가족이 모여 살면서 좋은 면이든 나쁜 면이든 함께해왔고 여기서 발생한 괴로움이 주된 문제였다. 하지만 함께 있음의 불편함을 피하려다 보니, 이제는 오히려 혼자 사는 편안함 속에서 새로운 고립이 생겨나고 있다. 홀로 사는 자유가 사회적 고립을 낳고 있는 셈이다.

우리에게는 이러한 고립을 막아줄 지속적이고 반복적인 접촉이 가능한 공동체가 필요하다. 외로움은 단순히 개인의 심리 문제가 아니라 관계의 단절에서 비롯된다. 그렇다고 가족 형태의 변화가 외로움의 절대적 원인이라고 단정할 수는 없다. 꼭 혈연으로 이루어진 가족만이 외로움을 해결할 유일한 답은 아니기 때문이다.

외로움은 대가족 속에서 생활해도 해소되지 않을 수 있다. 오히려 마음이 잘 맞는 룸메이트 관계나 끈끈한 이웃 공동체가 가족 역할을 더 잘 할 수도 있다. 핵심은 혼자서는 풀리지 않는 문제를 함께 감당해주는 친밀한 '함께함'의 장이 필요하다는 것이다.

대안적 관계는 외로움을 덜어줄 수 있는가

우리는 외로움을 달래려 대체할 만한 다른 공동체를 찾기도 한다. 동호회 같은 느슨한 모임, 반려동물, 심지어 AI(Artificial Intelligence, 인공지능)까지. 이런 대안들이 일정 부분 위안이 되기도 한다. 그러나 이것들이 가족과 같은 관계를 대신해주기는 어렵다.

동호회나 동문회 같은 피상적인 모임은 특별한 경우를 제외하고는 가족이나 친한 친구의 관계를 대체하기 힘들다. 반려동물은 위안을 주지만 인간과의 동등한 상호성과 자율성을 구현하긴 어렵다. AI의 '맞춤형 공감'은 실제 마음이 아니라 프로그램에서 나온 것이기에 역시 가족과 친구를 대체할 순 없다.

깊은 관계가 요구하는 것은 결국 서로의 취향과 가치관을 맞춰가며 갈등을 조정하고, 필요할 때 내 시간을 양보하는 관계적 수고다. 그 수고 없이 얻은 피상적인 관계의 위안은 해독제가 아니라 통증을 잠시 가리는 진통제에 가깝다. 무거운 배낭을 잠시 들어줬다가 다시 내려놓으면 오히려 더 무겁게 느껴지듯, 외로운 사람은 피상적인 관계 속에서 잠시 함께인 듯 느끼다가 헤어질 때 더 큰 공허감을 느낄 수도 있다.

오늘날 사회 구조가 기능 중심, 거래 중심으로 재편되면서 '쓸모가 있을 때만 찾는 관계'가 늘었다는 점도 공동체가 약화되는 이유 중 하나다. 서로에게 필요한 순간에만 연락하고, 쓸모가 없어지면 관계도 함께 사라지는 현실에서 진정한 유대는 자라기 어렵다. 어쩌면 개인의 '쓸모 없음'이 문제가 아니라, 서로에게 쓸모를 증명해야만 관계가 유지된다는 사고방식이야말로 오늘날 외로움의 근원인지도 모른다. 쓸모 있다고 외롭지 않은 것은 아니니 말이다.

관계는 본질적으로 시간이 필요하며 때로는 불편함을 감수해야 깊어진다. 그러나 우리는 점점 즉각적인 만족과 효율성을 중시하며 관계마저 인스턴트 제품처럼 소비하고 있다. 당장 쉽게 만들 수 있고 눈에 보이는 쓸모가 있는 관계만을 좇는다. 쉽게 만나고 쿨하게 헤어지는 만남이 반복된다면 인생을 함께할 만한 깊은 관계는 만들어지기 어려울 것이다.

외적인 호감으로 시작했지만 기대에 미치지 못하면 금세 등을 돌리는 관계, 즐거운 일이나 유익한 목적이 있을 때만 함께하는 관계, 갈등이 생기면 문제를 해결하기보다 회피해버리는 관계. 만약 지금 나의 인간관계가 이런 형태에 머물러 있다면 그것이 정말 내가 바라는 관계인지 진지하게 돌아볼 필요가 있다.

이렇게 기능 위주의 관계만 이어 나가면 서로 깊이 있는 관계를 맺는 것을 무가치하다고 규정하고, 관계로 인해 발생할 수 있는 상처를 피하려는 경향이 더 강해진다. 하지만 아픈 경험이 없는 관계만 추구하는 태도는 쓴 약은 마다하고 달콤한 사탕만 찾는 태도와도 같다. 상처를 피하는 데 우선순위를 두다 보면 선 지키기, 사과와 용서, 그리고 화해 등 상처를 다루고 회복하는 기술을 배울 기회가 줄어든다.

좋은 관계를 맺기 위한 위한 언어 습관이나 갈등 조절 능력, 공감과 양보 같은 관계 기술은 타고나는 것이 아니라 학습과 연습을 통해 길러진다. 하지만 요즘은 이러한 기술을 배우고 익힐 수 있는 '관계 연습의 장場'이 점점 사라지고 있다. 즉 관계를 맺는 법을 익히지 못한 채 피상적인 만남만 반복하는 사회가 되어가고 있는 것이다.

물론 평생을 함께할 만한 깊은 관계를 쌓아나가는 것이 쉬운 일은 아니다. 의견이 안 맞아 다툴 수도 있고 보고 싶지 않은 상대의 단점을 보게 될 수도 있다. 또 혼자 있을 때의 편안함에 안주하고 싶어질 때도 있다. 안타까운 것은, 그런 어려움들을 이겨내기 위해 필요한 기술이나 다양한 기회를 얻을 가능성이 점점 줄어들고 있다는 점이다. 무엇보다 사람들이 그 중요성을 점점 외면하고 있다는 사실이 더 큰 문제다.

좋은 관계를 단순히 '서로에게 피해를 주지 않고 내가 상처받지 않는 상태'라고 소극적으로 생각하면 외로움이 사회 문제가 된 현재의 상황은 앞으로도 지속될 수밖에 없다. 이를 이겨내고 깊은 관계를 맺기 위해서는 우선 그 관계에 그만한 가치가 있다는 굳은 믿음을 가져야 한다. 마치 그 가치에 대한 믿음에 기대어 어려운 고전을 끈기 있게 읽어나갈 때처럼 말이다. 그러기 위해서는 우리 본성을 스스로 파악하고 진정한 '함께함'이란 어떤 의미인지 곰곰이 되새겨보려는 노력이 필요하다.

소셜미디어, 연결의 과잉과 친밀의 결핍

현대인이 더 외로운 세 번째 이유는 디지털 기술의 발전이다. 디지털 기술은 우리를 '연결'해주지만 역설적으로 외로움을 키우기도 한다. 우리는 하루 종일 타인과 연결된 접속 사회를 살며 지구 반대편에 있는 누군가와도 온라인으로 연결될 수 있고, 전 세계인의 소식을 실시간으로 접할 수 있다. 또한 언제든 SNS상에 나의 생각과 감정을 남겨서 타인의 관심을 받을 수 있다. 아주 오래된 사이거나 혹은 개인적인 친분이 없는 사람과도 인스타그램과 페이스북 등으로 거미줄처럼 관계망이 형성되어 친구의 개념이 확장되고 있다.

하지만 역설적이게도 이렇게 더 많이 더 자주 연결될수록 사람들은 점점 더 외로워지고 있다. 이렇듯 수많은 팔로워와 연결되어 있으나 오히려 외로움이 심화되는 아이러니한 상황을 두고 '연결된 고립 connected isolation'이라고 한다.

또 다른 문제는 현대의 관계가 피상적 연결 기술의 발달로 인해 점점 '부담 최소화'의 규범으로 움직인다는 것이다. 처음 마주 앉는 어색함, 전화 한 통을 걸기 위해 넘어야 하는 심리적 역치, 갈등을 지나 가까워지는 그 고비를 피하려 한다. 직접적인 만남에서 전화 통화, 나아가 문자로 점점 소통의 방식이 바뀌고 있다. 그러면서 전화 받기를 두려워하는 '폰 포비아'라는 신조어까지 나타났다.

전화만이 유일한 소통 수단이었던 시대를 생각하면 놀라운 변화지만, 각종 메신저와 SNS로 연락을 주고받는 데 익숙한 세대에게 전화는 심지어 상대에게 부담을 주는 예의에 어긋나는 소통방식으로 인식되는 경향마저 있다. 그러다 보니 누군가에게 사적으로 전화해서 안부를 묻는 행위 자체를 부적절하다고 여긴다. 가족과 친구, 직장동료들과의 관계가 아니라 SNS 속 팔로워의 관심과 그들과의 교류로 관계력을 인정받는 것이다.

이런 소통의 방식이 문제인 이유는 무엇일까? 접근성은 높지만 관계의 근력을 길러주지 못하기 때문이다. 호흡이 길고 깊이 있게 쓰인 고전을 끝까지 읽어내 결국 울림을 주는 의미를 발견하듯, 시작과 낯섦의 어려움을 넘을 때에만 얻을 수 있는 관계의 보람이 있다. 그런데 우리는 종종 그 초입의 불편을 피하고, '가볍고 쉬운 연결'만 소비하려 한다. 미국의 사회학자 셰리 터클Sherry Turkle이 말하듯 "우리는 외롭지만 친밀함은 두려워한다". 그래서 결국 서로 무엇을 놓치고 있는지, 또 무엇을 길러야 하는지도 모른 채 '연결된 고립' 속에 머문다.

문제는 이러한 소셜미디어 속 관계가 깊이 있고 지속적인 소통이 어려운 만남일 뿐 아니라 자기표현을 위축시킨다는 데 있다. 솔직한 감정을 읽어내고 표현하는 능력이 약화되면서 동시에 타인의 시선을 내면화해 자기검열에 빠지게 된다. 솔직하게 자신을 드러낸 게시물에 대한 악플과 조롱은 관계 형성과 회복을 포기하게 만든다. '상대가 나를 있는 그대로 받아들일까?'라는 의구심과 함께 기본 신뢰가 약해지면서 관계를 시도하려는 마음 자체가 줄어들고 결국 불신과 회의감만 쌓여간다.

또한 디지털 환경은 '보여지는 나'를 과도하게 강조한다. 겉으로 보이는 모습이 너무 중시되는 환경에서는 '진짜'가 설 자리를 찾기 어려운 법이다. SNS는 본질적으로 끊임없는 경쟁과 비교를 부추기는 플랫폼이기 때문에 그 안에서의 나는 자랑하고 싶은 모습만 보여주게 된다. 인스타그램에 눈이 퉁퉁 붓고 머리는 뒤엉키고 턱은 두개로 접힌 사진을 굳이 올리는 사람은 거의 없다. 자신의 부끄러운 모습이나 약점을 공개하지도 않는다. 민낯으로 나를 SNS에 공개하는 것은 위험하기 때문이다. 그 결과 불특정 다수와의 비교와 소외감이 심화되면서 서로에 대한 태도가 인정이 아닌 '평가'로 변질되면서 관계는 점점 소모품처럼 변해간다. 이런 환경 속에서 우리의 마음은 가면을 벗을 용기를 내기보다 더 완벽한 가면을 준비하는 쪽으로 기운다.

알고리즘의 주의력 경제도 외로움을 증폭시킨다. 디지털 플랫폼은 사용자 체류 시간을 늘리는 콘텐츠를 우선 노출한다. 좋아요 수, 방문자 순위, 하이라이트 편집 등 자극적 비교와 경쟁을 부추기는 요소가 반복 노출되면 사람을 동료나 벗이 아니라 경쟁자나 관중으로 보기 쉬워진다.

우정과 사랑은 축하와 배움, 양보가 섞여 자라지만, 끊임없는 성과 비교 환경에서는 축하보다 질투, 대화보다 퍼포먼스가 앞서게 마련이다. 얕은 연결과 과열된 비교가 결합하면서 '나는 무엇으로 가치를 인정받는가?'라는 존재감의 토대도 기능과 성과 중심으로 재편되고, 자존감은 쉽게 흔들린다. 디지털 세계에서 우리가 '함께' 설 자리는 찾기 힘든 것이다.

정리하면 디지털 시대의 외로움은 연결의 과잉과 친밀의 결핍이 함께 만들어낸 결과다. 문제 해결의 핵심은 기술을 끊는 데 있지 않다. 정기적인 오프라인 만남, 예의 있는 솔직함, 서로에 대한 신뢰의 축적 등과 같이 관계를 깊게 만드는 행동을 의식적으로 회복하는 데 있다. 다시 말하지만 인간관계는 피상적인 교류만으로 숙성되지 않는다.

아마도 우리가 디지털 세계에서 더 외로워지는 것은 어설픈 모창을 들으면 원래 가수의 노래가 더 간절히 듣고 싶어지는 이유와 비슷할 듯싶다. 진짜를 어설프게 닮은 가짜를 자꾸 접하면 오히려 진짜에 대한 목마름이 커지기 때문이다.

진실하지 못하고 얄팍한 관계들이 자주 눈에 띌수록 진정한 관계의 부재가 더 선명하게 의식되는 법이다. 더불어 노력과 정성 없이 얻어지는 것은 없다. 관계 역시도. 내 삶에 의미 있는 진정한 관계를 만들기 위해서는 많은 시간과 노력을 들이면서 진심을 담아 상대를 대해야 한다.

외로움은
그냥 사라지지 않는다

결국 삶에 관계가 필요한 이유

외로움의 개념과 상태에 대한 이해 없이 해결법을 찾는 데 급급하다면 그 방법은 내가 처한 외로움의 상황에 잘 맞지 않을 수 있다. 그러므로 외로움의 개념 정의를 명확히 한 후 그에 맞는 극복법을 찾아야 하는데, 이때도 나의 외로움 극복에 도움을 주는 관계의 특징부터 살펴볼 필요가 있다.

어떤 관계가 외로움 해소에 도움이 될까? 바람직한 '함께함'에 그 답이 있다. 바람직한 함께함이란 한마디로 서로를 있는 그대로 받아들이고 알아주며 아껴주는 지속적인 관계를 뜻한다. 지속적인 관계를 위해서는 다음의 다섯 가지 요소가 필요하다.

- 수용
- 이해
- 관심
- 상호성
- 지속성

수용: 존재 그대로를 받아들일 때 관계는 시작된다

첫 번째는 '수용accepting'이다. 여기서 말하는 수용은 나라는 존재를 있는 그대로 받아들여 주는 태도다. 이런 태도는 나의 존재 가치를 있는 그대로 인정해주는 관계에서 찾아볼 수 있다. 이때 말하는 '가치'란 기능이나 쓸모가 아니라 존재 그 자체의 가치를 뜻한다. 돈, 학벌, 출중한 외모, 재치 등 특정한 속성을 가진 존재로서 갖는 가치가 아니라, 단지 한 명의 개별자로서 지닌 고유한 가치를 의미한다. "네가 무얼 해주지 않아도 내 곁에 있기만 해도 좋다."라고 말해주는 누군가가 있다면 외로움은 한결 덜해질 것이다.

"나 왜 사랑해?"라고 묻는 연인에게 "예뻐서."라고 대답하고 칭찬을 기대하다가 "그럼 나보다 더 예쁜 사람이 나타나면 그 사람을 사랑하겠네?"라는 반문에 당황하는 상황, 한 번쯤 보았을 것이다. 이런 상황이 생기는 건 상대를 있는 그대로 받아들이는 마음의 표현이 제대로 전해지지 않았기 때문이다. 이때 정답은 바로 "너라서."다. 그 한마디야말로 "네가 못생겨지고 멍청해져도 나는 있는 그대로의 너를 받아들이고 사랑할 거야."라는 '수용'의 진정한 표현이 된다. 내가 변할 때마다 혹시 상대가 나를 받아들이지 못하고 떠나버릴까 불안해하는 관계는 외로움을 충분히 달래주기 어렵다.

이해: 내 마음을 알아주는 단 한 사람이 필요하다
두 번째는 '이해 understanding'다. 나의 마음을 깊이 알아주는 사람이 있다면 외로움을 덜 느낄 수 있다. 이해는 단순한 '맞장구'가 아니다. 내가 어떤 감정을 느끼고 무슨 생각을 하는지 정말로 알아주는 것이다. 자신의 마음에 공감해주고 진심 어린 소통을 할 수 있는 누군가가 없다면 과연 외로움 느끼지 않을 수 있을까?

분석심리학자 카를 융은 외로움은 이해와 소통의 부재에서 온다는 점을 이렇게 강조하기도 했다. "외로움은 주위에 사람이 없어서 생기는 것이 아니라, 자신에게 중요한 것들을 타인에게 전달하지 못하거나 타인이 받아들일 수 없는 생각을 품고 있기 때문에 생긴다." 여기서 이해는 다시 감정을 알아주는 정서적 이해인 공감과 나의 생각을 읽어주는 지적 이해인 인지로 나누어 생각해볼 수 있다.

먼저 공감은 '마음의 소통'이다. 공감은 내 감정의 존재와 그 중요성을 타인이 인정해주는 행위이기도 하다. 슬퍼하는 나를 누군가가 아무 말 없이 묵묵히 안아줄 때 외로움이 덜어지는 이유는 무엇일까? 나의 마음을 진심으로 이해해주는 사람이 곁에 있기 때문이다. 아픔은 이해받지 못할 때 두 배가 된다. 소중한 사람의 공감이 곧 치유가 되는 이유이다. 반대로 혼자일 때 외로운 이유 중 하나는 나 스스로 나에게 공감해줄 수는 없기 때문이다. 공감과 위로를 줄 수 있는 건 아이러니하게도 '남'뿐이다. 내가 나를 간지럽힐 수 없듯 내가 나에게 공감해줄 수는 없다. 내가 내 마음을 다 안다 해도, 그 마음을 다른 누군가가 대신 느껴줄 때에만 비로소 고통이 줄고 외로움이 녹아내린다. 힘을 내는 건 나지만 힘을 주는 건 남이다.

공감하는 건 사실 쉽지 않은 일이다. 남의 아픔을 보고도 아무 감정이 일어나지 않는 사람도 있고, 공감을 느끼더라도 그것을 표현할 만큼 관심을 가지지 않는 사람도 많다. 그만큼 나의 아픔에 진심으로 공감해주는 사람이 있다면 그에게 마음 깊이 감사를 전할 만하다.

인지의 경우는 '생각의 소통'이라고 할 수 있다. 말이 잘 통하는 사람과의 대화를 떠올려보면 된다. 우리는 모르는 말을 사용하는 외국에 홀로 여행 갔을 때 외로움을 느끼곤 한다. 물론 낯선 환경과 사람들 때문이기도 하지만 나의 생각을 전하고 싶어도 알아들을 사람이 없다는 사실 때문에 아찔해진다.

개인적인 사례를 들어보자면 나는 철학에 처음 푹 빠지게 되었을 때 함께 토론할 사람이 없어서 종종 외로움을 느끼곤 했다. 어떤 사람은 철학의 내용을 이해하지 못할 뿐만 아니라 도대체 그런 어렵고 재미없는 걸 왜 하는지 모르겠다는 반응으로 나에게 상처를 주기도 했다. 그러다 철학에 대해 말이 통하는 친구를 드물게 만나면 뛸 듯이 기뻐 밤새도록 수다를 떨었던 기억이 난다. 이처럼 우리의 마음과 생각을 알아주는 존재는 외로움을 이겨내는 데 매우 중요하다.

관심: 공감을 넘어 마음을 건네야 한다

세 번째 요소는 '관심(care, 돌봄, 아낌)'이다. 나에게 진정으로 관심을 갖고 나를 아끼며 내가 더 행복하기를 바라는 사람이 있다면 자연스럽게 외로움이 줄어들 것이다. 인간관계에서는 이해만으로는 부족할 때가 있다. 나를 아끼고 잘 되길 바라는 마음, 즉 나에 대한 관심이 함께 있어야 한다.

누군가가 나의 마음을 아무리 잘 이해하고 있다 해도, 내가 힘들고 괴로울 때 도와주려는 마음이 없다면 나는 그 사람 곁에서도 여전히 외로울 것이다. 물론 나와 공감대가 많고 취향이 비슷한 사람과 함께 있으면 심심하지는 않을 것이다. 하지만 심심함은 외로움과 다르다. 나에게 전혀 관심이 없는 사람과 게임을 한다 해도 여전히 외로울 수 있다. 심심하지 않을 때는 외로움을 잠시 잊을 뿐이다.

그런 점에서 보면 이해보다 진심 어린 관심이 더 중요할 때가 있다. 나와 취향이나 관심사가 꼭 같지 않더라도 진심으로 나를 챙겨주는 사람만 있어도 외로움이 한결 덜어진다. 앞서 언급한 예를 다시 떠올려보자. 상대가 철학을 잘 몰라도 괜찮다. "나는 철학은 잘 모르지만, 네가 그 이야기를 할 때 눈이 반짝이는 건 알아. 그 열정을 응원해."라며 자신이 고른 철학책을 선물해주는 사람이 곁에 있다면 외로움은 금세 물러난다.

물론 서로에 대한 일정한 이해는 필요하다. 가령 '취미'나 '열정' 같은 개념 자체가 존재하지 않는 외계인이 있다면, 그와는 애초 공감의 기반이 생기기 어려울 테니 말이다. 그럼에도 자신의 경험이나 상상에 비추어 상대를 이해해보려는 태도와 노력은 중요하다. 모든 것을 완벽히 이해하지 못하고 세세한 내용까지 공감하지 못한다 해도 진심 어린 이해의 시도는 그 사람 자체를 지지하게 만들고 결국 외로움을 덜어준다.

반대로 내 취향을 정확히 이해하고도 '그걸 네가 하든 말든 상관없다'라는 냉담한 태도를 보인다면, 외로움은 오히려 더 깊어진다. 어떤 상황에서는 정확한 공감보다 진심 어린 관심이 더 큰 힘이 된다. 이해와 관심은 서로 다른 것이지만 좋은 관계에서는 둘이 맞물려 순환한다. 관심이 있으면 더 알아가려 하고, 더 알아갈수록 애정이 깊어진다. 이런 선순환이 쌓일 때 우리는 '내가 전달되는 느낌'과 '내가 지지받는 느낌'을 동시에 경험할 수 있다.

상호성: 마음을 주고받으며 깊어진다

네 번째는 '상호성mutuality'이다. 앞서 말한 수용, 이해, 관심은 어느 한쪽으로만 흐르면 외로움을 극복하게 해주는 힘에 한계가 있다. 이런 태도는 서로 주고받을 때 비로소 그 가치가 배가된다.

먼저 내가 누군가를 일방적으로 좋아한다고 해보자. 아무도 좋아하지 않을 때보다는 행복할 수 있겠지만, 되돌아오지 않는 짝사랑이 외로움을 해소해주지는 못한다. 외로움이 풀리는 순간은 내가 마음을 보낼 때가 아니라 그 마음이 상대와 공명해 다시 나에게 돌아올 때다. 그렇기에 짝사랑의 가슴앓이는 외로움을 달래주기는커녕 오히려 그 감정을 더 짙게 만든다.

반대로 누군가가 나를 짝사랑한다고 해보자. 나는 상대에게 관심이 없는데 상대는 나를 받아들이고 이해해주고 아껴준다. 이런 관계가 나의 외로움 해소에 도움이 될까? 물론 누군가가 나를 좋아해준다는 사실 때문에 기분이 좋아질 수는 있다. 자존감이 일시적으로 올라가기도 한다. 그뿐이다. 내가 그에게 돌려줄 수 있는 마음이 없기 때문에 결국에는 공허해질 수밖에 없다.

'아무나'가 나에게 수용과 이해와 관심을 보인다고 해서 외로움이 해소되는 것은 아니다. 내가 바라는 '누군가'가 그런 태도를 보일 때 비로소 깊은 외로움이 해소될 수 있다. 중요한 것은 내가 소중하게 생각하는 사람이 나를 소중하게 생각해준다는 느낌이다. 그런 점에서 한쪽만 마음을 보내는 것이 아니라 마음을 서로 주고받는 것, 즉 상호성도 외로움을 이겨내는 데 중요한 요소가 된다.

지속성: 관계는 시간 속에서 자란다

이 점은 마지막 요소인 '지속성sustainability'으로 자연스럽게 이어진다. 외로움은 관계의 부재 때문에 생기는 감정이므로 그것이 어떤 계기를 통해 일시적으로 해소되었다고 해서 완전히 사라지지는 않는다. 가령 누군가와 만나서 즐거운 시간을 보냈다고 해도 그 만남이 일회성에 그치면 언제든 다시 외로움에 빠질 수 있다는 의미다. 이처럼 일시적인 이해나 관심, 수용으로는 장기적인 관점에서 외로움을 극복할 수 없다. 우리에게 필요한 것은 일상과 마음을 나누는 지속적인 관계다.

예를 하나 들어보자. 어느 누구도 자신에게 관심을 갖지 않는다며 외로움을 호소하는 한 남자가 있다. 이 남자는 삶을 비관한 나머지 극단적인 선택을 하려고 마포대교로 간다. 한강에 뛰어들려던 찰나 지나가던 아저씨가 이 남자를 붙잡고 위로하고 설득한다. '누군가가 나에게 진심으로 공감해주고 관심을 보여준 것이 얼마 만인가.' 그 남자는 자기도 모르게 흐르는 눈물을 훔치며 난간에서 내려온다. 절체절명의 순간 오랫동안 사무치게 자신을 괴롭혀온 외로움이 조금은 보듬어진 것이다.

이처럼 낯선 이의 진심 어린 관심만으로 외로움이 누그러들 수도 있다. 하지만 문제는 이런 따뜻한 기분이 지속될 수 있느냐다. 그 남자의 따뜻해진 기분은 일시적인 방편일 뿐 지속적이고 근원적인 외로움은 사라지지 않았을 것이다. 그저 지나가는 행인이었던 그 아저씨는 다시 자신의 갈 길을 가고, 남자는 원래의 일상으로 돌아온다. 그러곤 다시 사무치게 외로워할 수도 있다.

'아무도 나에게 관심 갖지 않아'라는 마음에서 잠시 벗어나는 것만으로는 외로움이 충분히 해소되지 않는다. '나에겐 항상 나를 알아주고 아껴주는 사람이 있어'라는 든든함을 느끼게 해주는 누군가가 곁에 있어야 한다. 우리에게는 일시적 이해나 관심이 아니라 장기적으로 마음을 나누고 서로를 이해하는 지속적 관계가 필요하다.

외로움 극복에도 연습이 필요하다

지금까지 외로움을 극복하기 위해 필요한 관계는 어떤 특징을 갖고 있는지 살펴보았다. 외로움을 해소할 수 있는 관계를 만드는 것은 쉬운 일이 아니다. 충분히 좋은 사람, 그리고 충분히 나와 잘 맞는 사람을 만나는 행운이 있어야 한다. 더불어 그 사람과 함께 오랜 기간 소중하게 서로에 대한 마음을 가꾸어나가야 한다.

또 한 가지 중요한 것은 이미 존재하는 소중한 관계도 감사한 마음으로 유지하고 보존해야 한다는 점이다. 어떤 사람은 주변 사람들을 믿지 못하거나 너무 바쁜 나머지 나를 아껴주는 소중한 사람들이 내 곁에 얼마나 많은지를 미처 깨닫지 못하기도 한다. 그렇기에 건강한 관계를 만들어나가는 것도 중요하지만 이미 있는 바람직한 관계를 당연시하거나 등한시하지 않고 제대로 알고 누리는 태도 역시 중요하다.

많은 사람이 이런 현실을 자각하지 못한 채 가까운 인간

관계는 저절로 만들어지는 것이라고 착각한다. 흐르는 강물 속에서 헤엄치지 않고 가만히 있으면 당연히 물결을 따라 떠내려가고 만다. 이처럼 좋은 관계를 유지하기 위해서는 나를 알고 상대를 이해하고 관계를 개선하기 위해 계속해서 발버둥쳐야 한다. 물살에 휩쓸려가지 않도록 말이다.

세월은 하릴없이 흘러가고 세상은 속절없이 변해간다. 그런 변화의 흐름 속에서 누군가와 변하지 않는 관계를 유지하는 건 쉬운 일이 아니다. 각자가 지금 그대로의 모습으로 남아 있는다 해도 서로의 사이는 변해간다. 변해가는 세상 속에서 변하지 않는 관계를 유지하고자 한다면 각자는 서로에게 맞춤이 되려 노력하고 끊임없이 성숙해지는 방향으로 변해가야 한다. 흐르는 물속에서 원하는 자리에 머물고자 한다면 끊임없이 헤엄쳐야 하는 법이다.

이 점에 관해 가수 타블로도 비슷한 취지의 말을 한 적이 있다. 우리가 건강을 위해 정기적으로 건강검진을 받고 운동을 하며 꾸준히 관리하듯, 관계 역시 그런 노력이 필요하다는 것이다. 그는 많은 사람이 관계는 특별히 노력하지 않아도 저절로 유지된다는 착각을 한다고 말한다. 그러다가 관계가 틀어지면 '왜 가만히 있었는데 우리 사이에 문제가 생긴 걸까?'라고 되묻는다는 것이다. 참으로 통찰력 있는 말이다.

외로움에서 벗어나게 해주는 관계를 만들기 위해서도 우리는 끊임없이 노력해야 한다. 외로운 감정은 신체적 고통이 아니라는 이유로 대수롭지 않게 여기거나, 누구나 겪는 자연스러운 감정이라며 외면하면 일상 속 불행의 그림자는 점점 짙어진다. 그런 점에서 외로움은 단순한 감정의 문제를 넘어 삶의 질과 윤리의 문제이기도 하다. 윤리가 '좋은 삶을 사는 법'에 관한 것이라면, 외로움은 그 길을 방해하는 중요한 장애물이다. 따라서 외로움을 방치하는 태도는 자신에게도 타인에게도 바람직하지 않다.

외로움을 방치하지 않아야 한다지만 외로움에서 벗어나거나 누군가가 벗어나도록 돕는 일은 결코 쉽지 않다. 앞서 말했듯 외로움은 자각하기 어려운 안개 같은 감정이며, 나를 진심으로 아껴주는 누군가가 있어야만 풀릴 수 있는 것이기 때문이다. 게다가 아무리 노력한다고 해도 아무하고나 외로움을 덜어주는 친밀한 관계를 맺을 수 있는 것은 아니다. 누군가와 가까워지고 싶어도 상대가 마음을 열지 않을 수 있고, 외로워하는 사람을 도와주고 싶어도 정작 마음에서 우러나는 친밀감이 생기지 않을 수도 있다. 결국 외로움의 극복은 의지만으로 되는 일이 아니라 서로의 마음이 맞닿을 때 가능한 섬세한 과정이다.

이처럼 외로움의 극복에는 우연성이 강하게 개입하고 서로의 관심과 헌신이라는 상호 자발성이 중요하게 작용한다. 이런 어려움에도 불구하고 함께 외로움을 이겨내기 위해 우리는 끊임없이 서로에게 손을 내밀어야 한다.

먼저 관계 맺기를 잘하는 데 도움을 주는 대화법 등 구체적인 방법을 배우고 실천하면서 외로움을 해소할 나만의 방법을 찾으려는 부단한 노력이 필요하다. 평소에 이런 연습을 해두면 정말 좋은 사람을 만났을 때 도움이 된다. 진정으로 마음을 나누면서 가까워지며 좋은 관계를 이어갈 수 있을 것이다. 외로움은 그 이름처럼 '나 혼자'가 아닌 '우리 함께'만이 해소해줄 수 있다.

Q 외로움과 우정, 사이의 철학 A

'외로움 때문에 사귀는 관계는 오래가지 못
한다'고 했다. 그렇다면 건강한 우정을 시
작하기 위해 우리가 일상에서 가장 먼저 점
검해야 할 출발점은 무엇일까?

누군가를 외롭지 않게 해주면 자신도 외로움에서 벗
어날 수 있다. 그런 점에서 우정은 서로에게 주는 선
물이다. 다른 사람을 대할 때 나의 외로움을 먼저 생
각하기보다 상대의 외로움을 먼저 헤아리는 태도를
갖는 것이 좋은 출발점이 될 것이다. 예를 들어, 외로
움을 달래기 위해 아무 대화나 메신저로 붙잡는 관계
는 금세 피로해진다. 상대도 자신의 시간을 빼앗긴다

고 느끼기 때문이다. 반대로, 친구가 힘들어 보일 때 "요즘 잘 지내?"라고 묻는 한마디는 상대의 외로움을 덜어줄 뿐 아니라 나 자신도 그 사람과 연결된 기분을 느낄 수 있다.

역설적이게도 자기 이익만 생각하는 사람일수록 더 외로움에 고통 받는 법이다. 늘 '내가 손해 보지 않을까', '저 사람은 내게 뭘 해줄까'를 계산하는 관계에서는 신뢰와 따뜻함이 자라기 어렵기 때문이다. 남을 자기처럼 아끼는 만큼 외로움은 줄어든다. 결국 나의 외로움을 덜기 위해서라도 먼저 상대의 외로움을 이해하려는 마음이 필요하다.

그렇다고 우정을 시작할 때부터 결벽적으로 순수함을 추구하라는 뜻은 아니다. 스파이로 만났다가 서로 진심으로 사랑에 빠진 연인처럼 불순한 동기로 시작했더라도 진심 어린 우정으로 발전할 수도 있다. 중요한 것은 상대를 단지 자신의 이익을 위한 수단으로만 여기지 않으려는 지속적인 노력이다.

에리히 프롬이 말했듯 "사랑은 받는 것이 아니라 주는 행위 속에서 존재한다." 상대의 외로움을 살펴

먼저 손을 내민다면, 그가 잡아준 손으로 내 손 또한 따뜻해질 것이다.

지금 나의 외로움이 어떤 상태에 있는지 파악한 후에는 이를 해소하는 방법을 찾아야 한다고 말했다. 외로움 때문에 삶이 불행해지지 않으려면 일상에서 어떤 노력을 기울여야 할까?

앞서 외로움을 이겨내기 위해서는 고독을 누리는 힘을 기르는 동시에 서로를 있는 그대로 받아들이고 이해하며 아끼는 지속적인 관계를 맺어야 한다고 했다.

진정한 관계를 만들기 위해서는 무엇보다 혼자 있는 시간을 잘 보낼 줄 아는 능력이 필요하다. 인간은 사회적 동물이지만 언제나 타인과 함께할 수는 없다. 나를 이해하고 아껴주는 사람과 내가 원하는 방식으로 모든 시간을 보내는 일은 더더욱 쉽지 않다.

그렇기에 혼자 있을 때 외로움에 사로잡혀 수동적으로 시간을 흘려보내지 않아야 한다. 오히려 그 시간을 나만의 활동으로 채우거나 자신을 돌보는 여유로움으로 바꾸는 마음가짐이 필요하다. 예를 들어 아직 관계의 시끄러움이 없는 시간을 기회로 삼아 그동안 못 읽었던 책이나 영화를 보며 자신을 충만하게 채우고 새로운 나를 발견할 수도 있다. 또한 남들과의 관계로부터 독립적인 나의 본모습은 어떤 것인지 사색과 명상을 통해 알아보는 것도 도움이 된다. 그렇게 자신을 충실하게 하는 시간을 가지면 관계에 목말라 찾아 헤매일 때보다 사람으로서의 매력 역시 높아져 주위 사람들을 끌어당기기도 한다.

혼자 있을 때를 잘 견디고 즐길 줄 아는 사람만이 타인과도 건강한 관계를 맺을 수 있다. 단지 외로움을 이기기 위해 급하게 맺은 피상적인 관계는 마치 목마를 때 마시는 탄산음료와 같다. 일시적으로 갈증은 해소할 수 있을지 몰라도 결국 더 큰 공허감과 자괴감을 남길 뿐이다. 진정한 관계는 서로의 결핍을 이용하는 것이 아니라, 서로의 존재를 존중하며 함께 성장하는 과정에서 만들어진다.

상대를 있는 그대로 받아들이고 존중할 줄 아는 사람만이, 자신을 있는 그대로 존중해주는 사람과 진심 어린 관계를 맺을 수 있다. 그런 관계를 맺으려면 먼저 자신부터 상대를 있는 그대로 받아들이려는 노력이 필요하다.

자기가 원하는 대로 상대가 변하기를 바라는 헛된 기대를 버리는 것이 그 첫걸음이다. 가령 상대의 성격, 취향, 말투가 자기가 원하는 대로 바뀌기를 기대하고 강요하면 실망만 커질뿐더러 오히려 상대의 반발심을 불러일으킬 수 있다.

우선 나의 결에 맞게 상대가 변하기를 바라는 자기중심적 기대를 버려야 한다. 나아가 상대에게 좋은 쪽으로 상대가 변하기를 바랄 때에도 성급하게 강요해서는 안 된다. 부드럽게 조언하되 상대가 바뀌지 않더라도 실망하거나 원망하지 말아야 한다. 이런 태도가 바로 상대를 '있는 그대로 받아들이는 태도'라고 할 수 있다.

또한 스스로 완벽하게 독립적이고 자율적으로 살

아갈 수 있다는 환상을 버려야 한다. 물론 성숙한 어른이 되려면 '홀로서기'를 위한 노력을 기울이고 남에게 의존하지 않고 살아가려는 태도가 필요하다. 하지만 인간은 기능적으로, 또 정서적으로 서로 의지하지 않고서는 살아갈 수 없는 존재다. 마치 우리에게 잠이 꼭 필요하다고 해서 평생 잘 수는 없듯이 홀로 서면서도 함께를 바라봐야 한다.

완벽한 홀로서기가 가능하다는 착각에 빠져 다른 사람과의 관계를 등한시하다 보면 자기도 모르는 사이 조금씩 외로움의 늪에 빠질 수 있다. 이 점을 두고 스위스의 철학자 요한 G. 치머만Johann G. Zimmermann 은 이렇게 말했다.

"타인의 지원 없이 오직 자기 힘만으로 독립하여 살아갈 수 있다는 것은 분명 인간 정신의 고귀한 노력이다 … 하지만 우리 자신이 행복해지고 다른 사람에게도 도움이 되는, 즉 함께 살아가는 기쁨을 즐기는 방법을 터득하는 것 또한 그에 못지않게 위대하고 품위 있는 일이다."

2부

외로움을 해소하는
친밀한 관계에 대하여

내 삶을 함께할
단 한 사람을 꼽는다면

철학자들의 오랜 탐구 주제, 우정

지금까지 외로움에 대해 알아보았다. 외로움을 이겨낼 수 있는 가장 좋은 방법은 바로 바람직한 '함께함'이다. 그런 종류의 함께함을 가장 잘 포착한 개념이 바로 '우정friendship, philia'이다. 우정, 그 친밀한 관계에 대해 우리는 여전히 명확한 답을 알지 못한다. 함께 살아가려는 그 마음이 관계를 만들고, 그중 가장 인간적인 형태가 우정이다. 그래서 우리는 끊임없이 '우정이란 무엇인가'라는 질문과 마주하게 된다.

우정의 마음은 사람이 다른 사람을 향해 품을 수 있는 가장 아름다운 마음 가운데 하나다. 가족, 친구, 연인… 누구에게든 이렇게 아주 가까운 존재가 있다. 그리고 그들이 행복할 때 그로 인해 덩달아 행복해지는 경험 역시 누구나 해봤을 것이다. 인간의 행복에서 우정을 빼놓을 수 없는 이유가 바로 여기에 있다. 그만큼 우정은 인간에게 소중하지만 동시에 키워내고 지켜내기 쉽지 않은 관계이기도 하다.

사실 우정은 언제나 노력이 필요한 관계였지만, 오늘날에는 그 어려움이 한층 더 커졌다. 직접 만나 시간을 보내기보다는 온라인으로 소통하는 경우가 많고, 바쁜 일상에 쫓겨 관계를 깊게 이어가기 어려운 게 현실이다. 게다가 개인주의 문화가 확산되면서 타인과의 깊은 유대보다는 자기 자신에게 집중하는 경향도 강해졌다.

앞서도 말했듯 SNS를 통해 수많은 사람과 연결되어 있다고 느끼지만, 정작 있는 그대로의 자신을 드러내고 진심을 나눌 관계는 찾기 어려워졌다. 이런 상황에서 어떻게 해야 좋은 우정을 만들어갈 수 있을까? 그리고 깊은 외로움을 달래주는 진정한 친구는 어떻게 찾을 수 있을까?

먼저 지금 내 곁에 있는 친구들을 떠올려보자. 그들은 모두 나에게 똑같이 좋은 친구인가? 나는 그들에게 어떤 친구일까? 친구라고 해서 모두가 같은 의미의 친구는 아니다. 나를 성장하게 하는 친구, 곁에 있으면 즐거운 친구, 힘들 때 의지가 되는 친구에서부터 나를 이용하거나 괴롭게 하는 친구까지, 우정과 친구의 유형은 무척 다양하다.

요즘은 우정의 개념이 확장되어 사람이 아닌 존재를 '친구'라고 부르기도 한다. 기술이 발달하면서 사람뿐 아니라 로봇과도 친구처럼 지낼 수 있게 되었고, 반려동물을 키우며 가족 같은 관계를 맺기도 한다. 하지만 과연 로봇이나 개, 고양이와 진정한 친구가 될 수 있을까? 이들과의 관계는 사람과의 우정과 어떻게 다를까? 이런 질문에 답하기 위해서 우리는 우정이 과연 무엇인지 살펴보아야 한다.

그뿐만이 아니다. 우정과 도덕의 관계에 대해서도 궁금증이 생긴다. 좋은 사람은 곧 좋은 친구라고 할 수 있을까? 반대로 누군가에게 좋은 친구라면 그 사람은 좋은 사람이기도 할까? 이 모든 게 우리가 함께 고민해볼 질문들이다.

필리아, 친밀한 사랑으로서의 우정

우정이란 대체 무엇일까? 이 질문에 답하기 위해 먼저 서양에서 나눈 세 가지 개념 구분에 대해 알아보면 도움이 될 것이다.

구분	의미	특징	예시
아가페	신성한 사랑	인간에 대한 신의 사랑, 신에 대한 인간의 사랑, 인류애	보편적 사랑, 희생적 사랑
에로스	로맨틱한 사랑	특정 대상을 향한 열정적·낭만적 사랑	연인 간의 사랑, 강렬한 끌림
필리아	친밀한 사랑 또는 우정	인간관계 전반에 두루 적용되는 친밀함	가족, 친구, 동료 간의 우정

사랑의 종류와 특징

　서양 전통에서는 고대 그리스어에 기반하여 상대를 아끼는 마음을 크게 세 가지로 나눈다. 신성한 사랑을 뜻하는 아가페agape, 낭만적 사랑을 뜻하는 에로스eros, 그리고 인간관계 전반에 폭넓게 쓰이는 필리아philia다. 우리가 종종 '사랑', '정'이라고도 말하는 넓은 의미의 '우정'은 '필리아'에 가깝다고 할 수 있다. 이 세 가지에 대해 좀 더 구체적으로 살펴보자.

　아가페는 신이 인간을 사랑하는 방식, 인간이 신을 사랑하는 마음, 나아가 인류 전체를 향한 보편적 사랑을 뜻한다. 에로스는 특정한 대상을 향해 품는 열정적이고 로맨틱한 사랑을 가리킨다. 이에 반해 필리아는 훨씬 넓은 개념으로, 친밀한 사랑 곧 '우정'을 포함한다.

흥미롭게도 철학을 뜻하는 영어 단어 '필로소피philosophy'도 같은 뿌리에서 나왔다. 필로(philo-, 사랑하는)와 소피아(sophia, 지혜)가 합쳐져 '지혜를 사랑함'이라는 뜻이 되었다. 이처럼 필리아는 단순히 친구 사이에 한정되지 않으며 친밀함과 정을 두루 포함하는 개념이다.

그래서 필리아는 '우정', '정', '사랑', '친밀함' 등으로 다양하게 번역할 수 있다. 다시 말해 필리아는 사람과 사람 사이에 맺어지는 신뢰와 애정, 그리고 서로를 향한 따뜻한 마음을 통틀어 가리킨다.

흥미로운 점은 우리말에서 우정을 나누는 대상을 지칭하는 용어인 '친구'의 범위가 훨씬 좁다는 것이다. 나이가 한 살만 달라도 "내가 네 친구냐?"라는 말이 흔하게 오간다. 우리나라에서 가장 잘 알려진 우정의 상징인 오성과 한음(이항복과 이덕형)은 다섯 살 차이였지만, 어린 시절부터 평생을 두터운 우정으로 이어갔다. 조선시대만 해도 15살 이상 차이가 나지 않으면 굳이 서열을 나누지 않았다고 전한다. 이런 예를 보면 '우정'과 '친구'라는 말은 지금보다 더 넓고 깊은 의미로 이해될 필요가 있는 듯하다.

필리아적 우정은 훨씬 범위가 넓어서 동갑내기뿐 아니라 가족이나 이웃, 동료 사이에도 성립할 수 있다. 연인 간에도 설렘과 열정 이외에 진실한 우정이 함께 있을 수 있고 가족 간에도 깊은 우정이라 할 만한 무언가가 발견되곤 한다. '필리아'라는 넓은 의미에서 보면 연인도 형제도 부모도 자식도 동시에 우정을 나누는 친구일 수 있는 것이다. 따라서 이 책에서 말하는 우정은 일상적으로 쓰이는 것보다 넓은 의미를 가지며 흔히 우리가 '사랑'이라고 부르는 많은 사례도 포함한다는 점을 염두에 두면 좋겠다.

친구라는 존재를 생각하다

그럼 이제 '우정이란 무엇인가'라는 질문에 답을 해보자. 우리가 생각하는 친구라는 존재는 대개 다음과 같은 특징들을 갖고 있다.

- **관심과 배려**
- **즐거움**
- **공유된 역사**

- 신뢰
- 대체 불가능성

첫째, 서로의 행복에 대한 관심과 배려다. 친구는 상대가 더 행복해지도록 노력하기도 하고, 그 행복을 함께 기뻐하기도 한다. 서로에 대해 이런 마음을 전혀 가지고 있지 않다면 친구 사이라고 부르기 어려울 것이다.

둘째, 즐거움이다. 친구와 함께 있으면 즐겁고 기분이 좋아진다. 친구란 같은 공간에 있는 것만으로도 마음이 편안해지고, 사소한 대화를 나누는 것만으로도 웃음이 나오는 존재다. 함께 있는 것이 괴롭기만 한 사이라면 '친구'보다는 '웬수'라는 말이 더 잘 어울릴 것이다.

셋째, 공유된 역사다. 함께 시간을 쌓아온 경험이 있어야 진정한 친구라 할 수 있다. 함께 공부나 게임을 하든, 함께 여행을 다니든 같이 시간을 보내며 만들어온 추억이 있어야 한다. 처음 보는 사람이 아무리 마음에 들어도 아직은 '친구'라고 하기 어려운 것은 이런 이유에서이다.

넷째, 신뢰다. 서로 믿지 못한다면 진정한 의미의 인간관계가 형성되기 어렵다. 좋은 친구라면 기쁠 때 함께 즐길 수 있을 뿐 아니라 어려운 순간에도 믿고 의지할 수 있어야 한다. 신뢰는 어떤 깊은 관계에도 필요한 뿌리와도 같으며 친구 관계에도 예외는 아니다.

다섯째, 대체 불가능성이다. 돈이 필요할 때 돈을 빌려줄 사람은 많을 수 있지만, 그것만으로 친구가 되지는 않는다. 진짜 친구는 단순히 기능적으로 대신할 수 있는 관계가 아니라 함께 있을 때 특별한 의미를 지니는 존재다. 친한 친구가 사고로 세상을 떠났다고 해보자. 다른 사람들과 시간을 보낼 수는 있어도 그 빈자리가 채워지지는 않는다. 나와의 사이가 특별하기에 그 자리를 누구로도 대신할 수 없는 사람이 바로 진정한 친구다.

물론 실제 현실에서의 친구들은 이런 요소들을 적게 갖고 있을 수도 많이 갖고 있을 수도 있다. 그럼에도 우리는 그들이 모두 '친구'이기는 하다고 생각한다. 적어도 서로의 불행을 바라거나, 함께 있으면 너무 괴롭거나, 서로 만난 적도 없거나, 서로 의심만 일삼거나, 언제든 다른 사람으로 갈아치울 수 있는 사람을 두고 '친구'라고 부르지는 않는다. 그런 점에서 적어도 친구가 되기 위해서는 위의 요소들을 어느 정도는 만족시켜야 한다. 그런 친구와 주고받는 마음, 그리고 그 관계가 바로 우리가 우정이라고 부르는 것이다.

나와 남의 경계가
옅어질 때 얻는 것들

짝사랑은 있어도 짝우정은 없는 이유

이제부터는 철학자들의 통찰을 빌려 우정이란 무엇인지 더 깊이 들어가 보자. 우정을 이야기할 때 가장 먼저 떠오르는 철학자는 아리스토텔레스다. 그는 우정의 속성을 이렇게 설명했다. 친구란 서로에 대해 선의를 갖고 상대가 잘되기를 바라며, 동시에 그 마음이 일방적인 것이 아니라 서로에게 알려져 있어야 한다는 것이다. 우정의 세 가지 속성은 다음과 같다.

- 순수성
- 상호성

- 인지성

 첫째, 순수성이다. 자기를 위해서가 아니라 친구를 위해서 그가 잘되기를, 그리고 좋은 일이 생기기를 빌어주는 마음이다. 예를 들어 친구에게 밥을 사주었다고 해보자. '지금 저 친구에게 밥을 사주면 나중에 내가 원하는 게임을 빌려주겠지'라는 계산 때문이 아니라 친구가 맛있게 먹고 기분이 좋아졌으면 좋겠다는 마음에서 비롯된 행동을 뜻한다. 이익을 얻으려는 목적이 아니라 순수하게 상대를 위하는 마음이 있어야 진정한 친구라 할 수 있다.

 둘째, 상호성이다. '짝사랑'은 있어도 '짝우정'은 없다. 즉 상대가 나를 사랑하지 않아도 나는 상대를 사랑할 수 있지만 우정은 다르다. 결코 일방적일 수 없다. 나는 어떤 사람을 친구라고 생각하는데 정작 그 사람은 나를 친구로 여기지 않는다면 그것은 우정이라 부를 수 없다. 우정은 반드시 서로가 서로를 향한 좋은 마음을 갖고 있을 때 성립한다.

 셋째, 인지성이다. 우정이 존재한다면 그것을 양쪽 모두가 알고 있어야 한다는 뜻이다. 서로가 서로에게 어떤 태도를 취하고 있는지 모르면서 친구라고 부를 수는 없다. 예를 들어 정수가 "이건 철수한텐 비밀인데, 나 사실 철수랑 친구야."라고 말했다고 해보자. 이 말은 이상하게 들린다. 철수가 이 말을 듣는다면 "나 너랑 친구였어? 몰랐네!"라고 하는 대신 "난 널 알지도 못했는데 어떻게 우리가 친구니?"라고 할 것이다. 물론 그 일을 계기로 서로 좋은 마음을 갖게 된다면 그때부터 새로운 우정이 시작될 가능성은 있겠지만 말이다.

우리 관계는 어떤 모습을 하고 있는가

아리스토텔레스의 우정론에서 특히 유명한 것은 그가 나눈 우정의 세 가지 유형이다.

- 이익에 기반한 우정
- 쾌락에 기반한 우정
- 덕에 기반한 우정

첫째, 이익에 기반한 우정이다. 이 유형의 우정은 상대와의 관계를 통해 내가 이익을 얻는 경우다. 예를 들어 부자인 사람과 친구로 지내며 맛있는 음식을 자주 얻어먹거나 용돈을 받는 경우가 여기에 해당한다. 꼭 금전적인 측면만을 말하는 것은 아니다. 똑똑한 친구와 함께 지내며 많은 지식을 배우거나 인맥을 넓혀 사회적 기회를 얻는 것도 포함된다. 결국 이익이 되기 때문에 그 관계를 유지하는 것이다.

둘째, 쾌락에 기반한 우정이다. 말 그대로 함께 있으면 즐거운 친구다. 심심할 때 전화를 걸어 "같이 농구하러 가자.", "게임 한 판 하자."라고 말할 수 있는 관계를 떠올려보면 된다. 이 관계는 카페에 앉아 수다를 떠는 것만으로도 즐겁고 유쾌하기 때문에 그 시간을 함께한다. 즐거움이 있기에 곁에 두고 싶은 관계가 바로 쾌락에 기반한 우정이다.

셋째, 덕에 기반한 우정이다. 이 관계에서는 각자가 이미 훌륭한 덕을 갖춘 사람이어야 한다. 서로의 탁월한 성품을 존중하고 그 안에서 배우며 때로는 상대에게 자신의 모습을 비추어보기도 한다. 서로가 서로에게 성품의 거울이 되어 함께 성장하는 관계다. 사자성어로 '유유상종類類相從'이라는 말이 있다. 끼리끼리 모이고 닮은 사람끼리 어울린다는 뜻인데 덕에 기반한 우정도 이와 비슷하다.

아리스토텔레스는 이 세 가지 유형 중에서 덕에 기반한 우정을 가장 완전한 우정이라고 보았다. 이런 우정은 아무에게나 쉽게 주어지지 않는다. 각자가 인격적으로나 성품적으로 충분히 훌륭해야만 가능하기 때문이다.

물론 모든 우정이 완벽할 수는 없을 터다. 또 이익이나 즐거움에서 시작된 관계가 시간이 지나면서 더 깊은 우정으로 발전할 수도 있다. 그럼에도 우정의 속성과 유형 구분을 알아두면 주변의 다양한 관계들을 좀 더 명확하게 이해할 수 있으며, 우정에 대한 이해를 한층 더 깊게 할 수 있다. 이러한 이해는 보다 나은 우정으로 나아가는 첫걸음이 될 것이다.

"친구는 또 다른 자아다"

아리스토텔레스는 "친구는 또 다른 자아another self다."라고 말했다. 이 말은 무엇을 의미할까? 여러 가지로 해석될 수 있지만 간단히 말해 친구란 '나만큼 소중한 남'이라는 뜻이다. 우리는 흔히 '나'와 '남'으로 구분하고 나를 위하는 것을 이기적이라 하고 남을 위하는 것을 이타적이라 한다.

친밀한 관계에서는 상대가 다른 '남'보다 훨씬 소중한

'남'이기 때문에 나와 남 사이의 경계가 불분명한 '회색지대'가 생긴다. 분명 너와 나는 다른 개체이긴 하지만 너는 나 자신만큼이나 소중한 존재라는 점에서 '이기주의'와 '이타주의'의 구분이 어려워진다.

철학자이신 나의 아버지는 어머니께 보내는 연애편지에서 "우린 개체는 다르되 타자가 아니다."라는 표현으로 이런 마음을 전하셨다고 한다. 논문 같은 연애편지에도 불구하고 결혼에 골인하신 걸 보면 어머니도 그 깊은 의미를 이해하셨음에 틀림없다.

한국적 표현 중에 "우리가 남이가?"라는 말도 있다. 이것은 개체의 다름을 부정하는 것이 아니라 서로를 타자로 여기지 않는 친밀한 관계임을 확인하는 말이다. 반대로 "우린 이제 남남이야."라는 말은 관계가 단절되어 더 이상 특별한 사이가 아님을 뜻한다.

이렇듯 서로를 자기처럼 아끼는 친밀한 관계에서는 '나'와 '남'의 경계가 흐릿해진다. 어쩌면 이를 두고 '이기적 이타주의'라 부를 수도 있겠다. 예컨대 친구나 연인을 위해 선물을 준비한다고 해보자. 선물을 사기 위해 시간과 돈을 쓰지만 그 과정이 즐겁고, 선물을 받은 상대가 기뻐하는 모습을 보면 나 또한 뿌듯하고 행복해진다.

이 행위는 과연 상대를 위한 이타적 행위일까? 아니면 내가 행복하기 위해 하는 이기적 행위일까? 구분은 모호하다. 애초에 상대의 행복이 나의 행복을 구성하고 있기 때문이다. 사실 이런 모호함이야말로 친밀한 관계의 핵심이며 내가 말하는 '자아와 타자 사이의 회색지대'다. 바로 이런 회색지대에 친구, 연인, 가족과 같은 친밀한 관계가 놓인다.

이처럼 '나'와 '남'의 경계가 흐려지는 순간 우리는 단순히 개인적 욕망을 넘어 삶의 참된 의미를 발견한다. 나만을 위해 살아갈 때는 허무와 공허가 찾아오지만 누군가를 위해 무언가를 할 때는 오히려 내가 채워진다. 가령 자기가 요리한 음식을 자기가 먹을 때는 그저 끼니를 해결하는 행위일 수 있다. 그러나 곁에 있는 소중한 사람이 맛있게 먹는 모습을 볼 때는 그 순간이 하나의 기쁨으로 변한다.

그뿐만이 아니다. 언젠가는 그가 나를 위해 음식을 준비하고 내가 맛있게 먹어주면 서로에게 뿌듯함이 된다. 이렇게 서로를 위한 행위가 순환하며 관계는 더욱 깊어진다. 이때 우리는 나의 행위가 너에게 닿는 동시에 너의 기쁨이 다시 나에게 되돌아와 내 삶을 풍성하게 만든다는 것을 깨닫게 된다. 나를 위한 일에서는 찾기 힘들었던 의미가 너를 위해 할 때 오히려 풍성하게 채워지는 것이다.

삶의 의미는 온전한 자급자족이 되지 않는다. 자기 자신만을 위해서 사는 삶은 편하고 즐거울지는 몰라도 의미를 찾기는 어렵다는 말이다. 자기 삶에 스스로 의미를 부여하려는 시도는 자기 몸을 스스로 들어올리려는 노력만큼이나 부질없다. 의미있게 사는 가장 좋은 방법은 내가 아닌 누군가의 삶을 의미있게 해주는 것이다. 서로가 서로의 의미가 되어주는 것이다.

그리하여 각자는 의미 없는 존재일지라도 서로를 위할 때 의미가 생긴다. 나는 널 위해 너는 날 위해 서로의 살아가는 목적이 되어준다. 이는 거의 무無에서 유有가 태어나는 기적과도 같다. 각자가 홀로 존재할 때는 의미 없던 삶이 서로를 위할 때 비로소 의미를 갖게 된다는 뜻이다. 이는 무에서 유가 태어나는 기적이며, 외롭지도 허무하지도 않은 삶을 향한 '우리'의 미학이다.

나의 행복과 너의 행복이 다르지 않을 때

가까운 사이에서는 '나'와 '너'의 경계가 옅어진다. 서로가 서로를 '또 다른 자아'로 여기고 아끼는 사이는 독특한 구조를 이루게 된다. 친구가 잘되면 내가 덩달아 기쁘고, 내가 그의 행복에 진심으로 기뻐하는 모습이 친구에게 또다시 기쁨이 된다. 이처럼 상대의 행복이 나를 기쁘게 하고 내가 그 기쁨을 느낄수록 상대도 더 행복해지는 상호 증폭의 구조를 나는 '되비춤 구조 reflexive structure'라고 부른다.

되비춤 구조란 한마디로 '서로의 행복이 서로의 행복을 되비추는 관계'를 말한다. 여기서 중요한 건 내가 너를 도울 때 그 일이 내게도 기쁨이기를 상대도 원한다는 점이다. '네가 억지로 참아가며 나를 돕는' 관계가 아니라 '네가 나를 기쁘게 하면서 너도 기쁜' 관계다.

이것은 겉으로는 이기주의와 비슷해 보일 수 있다. 상대를 행복하게 하는 것이 나를 행복하게 해주기 때문에 상대를 돕는다면 그 행위의 궁극적 목적은 결국 나의 행복인 것처럼 보이기 때문이다. 하지만 되비춤 구조와 이기주의는 다르다. 결정적 차이는 관심의 방향과 이유에 있다. 이기주의는 결국 내가 얻는 만족에 초점이 맞춰진 반면 되비춤 구조에서는 상대의 행복이 내 행복을 이루는 일부가 된다. 내가 너를 도우며 느끼는 기쁨은 네가 정말 좋아지고 잘되기 때문에 생기는 기쁨이다.

이를 구체적인 예와 함께 살펴보자. 우리는 상대에게 선물을 한다. 선물을 하는 것은 내가 너를 위해 행복하게 해주려고 하는 행동이다. 받는 사람의 입장에서도 당연히 좋은 일이다. 그러나 이타적인 희생이나 의무는 아니다.

만약 내가 시간과 돈을 희생해서 힘들고 피곤한 상태인데도 '너만 행복하면 돼'라는 마음으로만 선물을 한다면 그건 바람직한 관계가 아니다. 좋은 관계라면 선물을 받는 사람도 주는 사람이 그 과정을 즐기고 행복하기를 바란다. 그래서 "나한테 이런 걸 주다니 너무 고마워. 나도 행복해."라고 말하는 순간, 선물을 주는 사람은 상대의 기쁨을 보며 다시 행복해진다. 이렇게 서로가 계속해서 점점 더 큰 행복을 주고받는다.

중요한 점은 이 구조 속에서 내가 행복해지려는 수단으로만 상대를 행복하게 해주는 것이 아니라는 사실이다. '너를 사랑하기 때문에 너를 행복하게 해주면, 그게 곧 나를 행복하게 하는 수단이다'라는 계산적 태도에서 나온 행위가 아니라는 뜻이다.

여기서는 상대의 행복이 나의 행복을 위한 수단이 아니라 곧 나의 행복의 구성요소가 된다. 즉 너의 행복이 내 행복 속에 함께 들어 있는 것이다. 그런 태도를 서로에게 가지고 있는 관계에서는 내가 상대를 행복하게 해주는 일을 의무나 희생으로 여기지 않고 진심으로 즐기기를 상대 역시 바란다.

이러한 순환적인 행복의 되비춤 속에서 '너'와 '나'의 경계가 흐려진다. 그렇기에 이 관계에서 이뤄지는 행위들은 나를 위한 건지, 너를 위한 건지 명확히 구분하기 어렵다. 다시 말해 '우리'를 위한 것이다.

여기서 흥미로운 것은 '우리'라는 말이다. '우리'는 1인칭이지만 '복수'다. '나'뿐만 아니라 다른 사람도 함께 지칭하는 표현이다. 하지만 아무 '남'이나 '우리'에 포함되지는 않는다. '우리'에 포함되는 '남'이 되기 위해서는 나와 특정한 관계에 있는 사람이어야 한다. 그 순간 상대는 '그들'이 아니라 '우리'가 된다. '너'도 우리 안에 들어오면 그것은 확장된 의미의 '나'라고도 할 수 있다. 이 영역에서는 이기주의와 이타주의, 나와 너, 나와 남의 구분이 흐려진다. 그래서 이 안에서의 행위는 희생이 아니다. 나를 위한 일이면서 동시에 너를 위한 일이다. 즉, '우리'를 위한 일이다.

너를 위하는 것이 곧 나를 위하는 것이 되고, 내가 행복해지면 그것이 다시 너를 행복하게 만들어 서로가 계속 공행복을 나누며 키우는 되비춤 구조. 이런 관계가 형성되어 있어야 나만 위하는 이기적이고 공허한 삶에서 벗어날 수 있다. 앞서도 말했듯 이러한 태도는 '나는 행복하지 않아도 당신만 행복하면 돼'라는 희생적 이타주의와도 다르다. 친구를 위하는 일을 단순히 자기희생이나 의무로 여긴다면 결코 좋은 친구라 할 수 없으니 말이다.

요약하자면 가까운 사람을 위하는 일은 자기희생도, 단순한 의무 수행도 아니다. 동시에 나만을 위한 이기적 행위도 아니다. 오히려 '이기적 이타주의'라고 할 수 있다. 그런 의미에서 되비춤 구조는 바람직한 우정의 핵심적인 요소다. 기쁘게 해주고 싶은 사람이 있다는 것은 이미 그 자체로 기쁜 일이다.

대체할 수 없는 존재

우리가 친구와 맺는 관계에는 그 친구와만 공유하는 고유한 역사성이 있는데 이를 '관계적 정체성'이라고도 부를 수 있다. 나 혼자의 정체성이 아니라 '우리'라는 이름으로 형성된 정체성이다. 우리가 함께한 여행, 우리끼리만 기억하는 작은 일화들, 예를 들어 길에서 마주친 귀여운 고양이를 보며 함께 웃었던 순간들. 이런 것들은 그 친구와 나만 공유할 수 있으며 대체할 수 없는 고유성을 지닌다.

물론 우리는 다양한 친구를 가질 수 있다. 하지만 시언이라는 친구가 먼 곳으로 떠났는데 단순히 '지음이가 있으니 괜찮다'고 할 수는 없다. 아직 곁에 있는 지음이나 이채가 어느 정도 외로움을 달래줄 수는 있어도 그들이 시언이라는 친구를 완전히 대체할 수는 없기 때문이다.

각각의 친구는 저마다 다른 존재이기에 시언이의 부재에서 오는 그리움과 허전함은 여전히 남는다. 바로 이것이 '대체 불가능하다'는 말의 의미다. 단지 어떤 기능만 대신할 수 있다면 누구로도 충분하다는 생각을 부정하는 것이다.

다시 말해 우정은 '쓸 수 있으면 되는 도구'가 아니다. 우정은 함께해온 발자국 하나하나에 의해 의미가 축적되는 관계다. 만약 친구를 단순히 기능적으로만 대체할 수 있다면 그것은 진정한 우정이라 할 수 없다. 우정은 단순히 성격이 잘 맞는 사람과 맺는 가벼운 친분 관계가 아니라, 시간을 함께하며 서사가 쌓여갈 때 비로소 정당성을 갖는 깊은 관계이기 때문이다.

물론 다른 사람과 새로운 이야기를 만들어갈 수는 있다. 하지만 과거에 이미 함께 쌓아온 역사와 이야기를 대체할 수는 없다. 우정은 기능적으로 교환 가능한 무언가가 아니다. 친구란 다른 존재로 대체할 수 없으며 그 고유성과 함께 축적한 관계적 역사성 때문에 소중한 것이다.

너와 나, 우리로 확장되는 삶

그렇다면 우정이 지닌 또 다른 중요한 성격은 무엇일까? 바로 '가치의 공동체'라는 점이다. 우리가 친구를 통해 얻게 되는 것은 단순한 동행만이 아니라 서로의 가치관을 나누고 확장하는 경험이다.

우정의 장점 중 하나는 그것이 단순히 비슷한 생각을 가진 사람끼리의 만남에 그치지 않는다는 데 있다. 사실 우리는 모두 개별적인 존재다. 아무리 닮은 점이 많다 해도 결국 서로 다르며, 각기 다른 존재다. 이 다름은 갈등을 낳기도 하지만, 동시에 서로 영향을 주고받으며 함께 성장할 수 있는 가능성을 만들어내기도 한다.

예를 들어보자. 친구가 소중히 여기는 가치를 접하면서 그 일에 전혀 관심이 없던 사람이 관심을 갖게 될 수 있다. "친구 따라 강남 간다."는 말처럼 친구가 봉사활동을 중요하게 여긴다면 귀찮아도 한 번쯤 함께 참여하게 된다. 친구가 미술에 관심이 있다면 친구를 이해하기 위해서라도 함께 미술관에 가보게 된다.

그 과정에서 우리는 새로운 취향과 관점을 배우며 나 혼자였다면 알지 못했을 세계를 경험한다. 그렇게 관심의 영역이 넓어지고 삶의 지평이 확장된다. 이때 친구는 단순한 동행을 넘어 새로운 가치를 함께 만들어가는 작은 공동체가 된다.

이런 현상을 학문적으로 어떻게 설명할 수 있을까? 철학자 베넷 헬름Bennett Helm은 이를 '공동의 평가 체계를 만드는 것'이라고 설명한다. 친구에게 "우리 뭐 할래?"라고 묻는 순간 단순히 '여럿의 모임'이 아니라 '여럿으로 이루어진 하나'로서 세계를 함께 바라보는 공동체가 된다.

그에 따르면 친구 관계란 단순히 감정을 교환하거나 공

감하는 수준을 넘어, 서로의 감정과 가치 판단이 얽혀 새로운 공통의 시야를 형성하는 관계이다. 나 혼자 세상에 대해 내리던 판단이 이제는 친구와의 대화 속에서 조정되고, 설득되거나 수정되며, 그 과정을 통해 새로운 평가 체계로 확장된다. 예컨대 내가 어떤 일에 화가 났을 때 친구가 "그건 그렇게까지 분노할 일은 아니야."라고 말하면 나는 내 감정을 다시 살펴보고, 친구의 시각을 고려해 나의 가치 판단을 다듬게 된다. 이처럼 친구와의 소통은 단순한 '의견 교환'이 아니라, 감정과 가치의 '공동 편집 과정'인 것이다.

이처럼 우정은 서로의 생각을 다듬고 때로는 부드럽게 변화시키며 함께 자라게 한다. 결국 우정은 단순히 두 개의 목소리가 모인 관계가 아니라 복수의 주체인 '우리'로서 가치를 공유하고 만들어가는 삶의 공동체인 셈이다.

동등한 인격체의 사랑과 존중 사이

독일의 철학자 칸트 역시 우정에 대한 깊은 통찰을 보여준다. 칸트는 우정을 두고 '사랑과 존중의 결합'이라고 정의한다. 서로 동등한 지위를 가진 두 인격체가 사랑과 존중 사이에서 적절한 균형을 찾으며 함께 하는 것이 친구 관계라는 뜻이다.

여기서 중요한 점은 서로 진정한 친구가 되기 위해서는 둘 다 인격체여야 하고, 둘 사이가 동등해야 한다는 것이다. 한쪽이 아래에 있으면 그것은 진정한 친구라고 볼 수 없다. 한쪽이 지나치게 우월하거나 지나치게 열등하거나, 한쪽이 주인이고 다른 한쪽이 노예라면 그것은 우정이라고 할 수 없다.

물론 동등한 인격체들이 모두 서로 친구가 되는 것은 아니다. 서로를 어떤 태도로 대하는지가 중요하다. 칸트는 우정에 사랑과 존중이 모두 필요하다고 보았다. 그럼 그가 말하는 사랑과 존경을 좀 더 자세히 살펴보자.

칸트가 말하는 사랑은 상대에게 다가가는 '끌어당김'이고 존중은 상대와 적당한 거리를 유지하는 '밀어냄'이라고 볼 수 있다. 그는 이 둘 사이의 균형을 찾아야 진정한 친구가 될 수 있다고 보았다. 칸트에게 사랑은 단순한 감정적 친근감이 아니라 이성에 의해 규제된 선의의 일종이다. 즉, 사랑은 그저 같이 있으면 기분 좋은 것이 아니라 상대를 행복하게 해주고자 하는 실천적 의지에 해당하는 것이다. 이처럼 칸트는 사랑을 감정이 아닌 의지의 차원에서 바라보았다. 그가 말하는 진정한 사랑은 상대의 행복을 추구하려는 실천적 의지다. 이런 의미에서 칸트에게 사랑이란 끌어당기고 가까워지게 하는 힘이다. 상대에게 점점 다가가고, 잘해주고, 더 행복하게 해주려는 태도가 바로 사랑이다.

칸트 우정론의 더욱 흥미로운 점은 '존중'의 강조에 있다. 그에 따르면 우정이 되기 위해서는 사랑 뿐만 아니라 존중도 필요하다. 너무 가까이 다가가면 오히려 숨이 막히고 부담스러울 수도 있기 때문이다. 사랑이 다가가는 힘이라면 존중은 적당한 거리를 유지하려는 이성적 태도이다. 누군가를 친구로 사랑하는 동시에 한 인격체로 대한다는 것은 사랑과 존중을 함께 보이는 것이다. 친한 친구에게도 허물없이 다가가면서도 선은 넘지 않는 태도가 필요하다. '친한 사이일수록 더 예의를 지켜야 한다'는 말은 바로 이런 점을 강조한 것이다. 혼자 숨 좀 돌리려 하는데 자꾸 놀자고 하거나, 계속 사적인 것을 캐묻거나, 지나치게 간섭하며 파고들면 건강한 관계를 유지하기 어렵다. 그래서 건강한 관계를 유지하려면 사랑뿐 아니라 존중도 필요하다.

많은 사람이 친한 사람에게는 편히 대해도 된다고 생각한다. 하지만 편하게 대하는 것과 함부로 대하는 것은 다르다. 우리는 친하니까 괜찮지 않냐며 묻지도 않고 불쑥 찾아가거나, 함께 여행을 가자면서 일방적으로 예약을 해버리기도 한다. 이런 태도는 상대의 마음을 고려하지 않은 것으로 건강한 친밀함이라 할 수 없다.

서로 존중할 줄 아는 친구는 서로의 고독을 위한 여백까지도 함께 지켜준다. 친하다고 해서 상대의 마음을 존중하지 않고 아무 말이나 하거나 아무 행동이나 해도 되는 것은 아니다. 친하기 때문에 소홀히 하기 쉬운 예의와 존중을 더 지켜야 한다. 적절한 거리가 필요한 것도 그런 이유에서다.

칸트에 따르면 서로 다른 곳으로 이끄는 사랑과 존중이 긴장 속에서 균형을 유지할 때 우정은 비로소 완전해진다. 한쪽이 지나치면 다른 쪽이 손상된다. 사랑이 지나치면 타인을 나의 행복을 위한 수단으로 흡수하게 되고 존경이 지나치면 감정적 거리와 냉담함이 생긴다.

따라서 진정한 우정은 "가까움 속의 거리", 즉 감정적 친밀함과 도덕적 자율성의 공존을 의미한다. "좋은 담이 좋은 이웃을 만든다."라는 영국 속담이 있다. 칸트가 말한 사랑과 존중 사이의 균형은 곧 이런 점을 철학적으로 표현한 것이라 할 수 있다. 사랑과 존중은 이처럼 서로 긴장 관계에 있으며 우정을 이루는 필수적인 요소다.

사랑만 있으면 상대를 행복하게 해주려다가 오히려 답답하고 숨 막히게 할 수 있다. 반대로 존중만 있으면 상대와 친밀해질 만큼 충분히 다가가기가 어렵다. 담이 너무 높으면 교류할 수 없고 멀어진다. 반대로 담이 아예 없거나 너무 낮으면 아무 때나 서로 침범하게 되어 불편해지고 존중의 태도는 점점 없어진다. 사랑과 존중, 이 두 가지가 함께 어우러질 때 비로소 좋은 친구의 모습이 된다.

이 관계는 사랑일까, 우정일까

우정과 낭만적 사랑의 공통점, 차이점

이번에는 우정이 '낭만적 romantic 사랑'과 어떻게 다른지를 살펴보자. 앞서 우리가 말하는 '우정'은 상대를 아끼는 마음이라는 넓은 의미의 '사랑'이라고도 이해할 수도 있다고 말했다. 하지만 여기서는 우리가 흔히 말하는 연인 간의 설레고 두근거리는 사랑, 즉 '낭만적 사랑'을 '우정'과 구분해보고자 한다. 이 사랑은 분명 앞서 언급한 상대를 순수하게 위하는 마음인 '필리아'보다는 '에로스'에 가깝다. 이는 칸트가 말한 사랑과도 다르다. 쉽게 말해 사람들이 흔히 말하는 '남사친, 여사친(각각 '남자 사람 친구, 여자 사람 친구'의 줄임말)' 즉 연애하지 않는 이성 친구와 서로 사귀는 연인 간의 차이를 생각해보면 도움이 될 것이다.

물론 현실 속의 관계가 우정인지 사랑인지 명확하게 구분하기는 어렵다. 실제로 낭만적 사랑을 나누는 연인 관계 안에 우정이 함께 존재할 수도 있다. 하지만 우정'만' 존재하는 관계와 낭만적 사랑과 함께 우정'도' 존재하는 관계는 분명히 다르다. 우정 없이 낭만적 사랑만 불타오르는 관계도 드물지만 존재한다. 이처럼 현실에서는 우정과 낭만적 사랑이 섞여 있지만 개념적으로 구별할 수 있다. 일상에서 접하는 관계에 대해 보다 잘 이해하고 판단하기 위해서 개념을 명확히 하는 일은 중요하다. 낭만적 사랑에만 있는 네 가지 요소를 살펴보면서 우정과의 개념적 차이를 알아보자.

- **성적 욕구**
- **설렘**
- **열정**
- **배타성과 독점**

여러 차이점 가운데 첫 번째로 꼽을 수 있는 것은 성적 욕구다. 고대 그리스 철학에서 사랑을 아가페와 에로스로 구분할 때 성적 욕구는 에로스에 해당한다. 낭만적 사랑은 단순히 대화하거나 함께 활동하는 데 그치지 않는다. 육체적으로도 결합하고 싶어 하고, 더 가까워지고 싶어 하는 마음이 자연스럽게 작용한다.

둘째는 설렘이다. 사랑을 하면 가슴이 두근거리고 작은 행동 하나에도 특별한 의미를 부여하며 설렌다. 친구 사이에서도 즐겁고 편안한 마음은 생기지만 연인에게서 느끼는 긴장감과 두근거림은 거의 없다. 이 차이는 우정과 사랑을 구분하는 중요한 지점이 된다.

셋째는 열정이다. 사랑에는 강한 열정이 동반된다. 상대를 향한 관심과 몰입이 강렬하게 지속되고 때로는 그 열정이 삶의 원동력이 된다. 반면 우정은 안정적이고 꾸준한 애정은 가능하지만 사랑처럼 불꽃같이 타오르는 감정의 강도는 드물다.

넷째는 배타성과 독점성이다. 현대사회에서 연애를 한다면 다른 사람과는 관계를 맺지 않는 것이 상식이다. 그러나 누군가와 친구가 되었다고 해서 또 다른 친구를 만들지 못할 이유는 없다. 물론 친구 사이에도 타인과 구별되는 배타성이 어느 정도 존재한다. 하지만 연인 관계는 배타성이 훨씬 더 강하다. 연인이 다른 이성과 가까이 지내면 질투심이 생기고 독점 욕구가 드러난다. 이런 점은 우정과 뚜렷이 구분된다.

지금은 개념적으로 구분했지만 실제 관계에서는 우정과 사랑이 종종 뒤섞이거나 경계가 흐려진다. 흔히 말하는 '썸' 같은 애매한 단계가 대표적이다. 이런 상황에서 누군가 "우리 관계는 우정이야, 사랑이야?"라고 묻는다면 쉽게 대답하기 어렵다. 경우에 따라서는 알 수 없는 문제일 수도 있다. 결국 판단은 당사자 각자의 몫이다.

하지만 이런 개념적 구분 작업은 여전히 의미가 크다. 올바른 판단을 하려면 개념적 구분이 선행되어야 한다. 우정과 사랑의 차이를 미리 이해해야 실제 관계에서 자신이 어디쯤 서 있는지, 또 어떤 방향으로 나아가야 할지를 분명히 볼 수 있다. 다시 말해 이 구분은 단순한 이론적 구분이 아니라 우리가 관계를 이해하고 해석하는 데 필요한 과정이다.

관계를 구분하는 기준

이렇듯 우정과 낭만적 사랑이라는 개념을 분명히 알아야 실제 상황에서 '이건 사랑의 범주에 속한다', '이건 우정의 범주에 속한다'라고 구분할 수 있다. 물론 "고도로 발달한 우정은 사랑과 구별할 수 없다."라고 말하는 사람도 있다. 아마도 이 말은 진정으로 상대를 위하는 마음이 있다면 우정과 사랑 사이에 큰 차이가 있는지, 성적 욕구가 없는 사랑은 사랑이 아닌지에 대한 의문에서 비롯된 것일 터다.

일리가 있는 말이다. 뜨거운 사랑을 나누던 연인의 열정과 설렘이 식으며 깊은 우정으로 익어가기도 한다. 낭만적 사랑이 순간의 불꽃이라면 우정은 오래 타오르는 불씨다. 오래된 부부 관계나 부모 자식 간의 사랑, 플라토닉한 관계처럼 현실에는 우정과 사랑이 자연스럽게 섞여 있는 경우가 많다.

그러나 개념적으로는 구분할 여지가 있다. 성적 욕구나 설렘 같은 요소가 어떻게 작용하는지를 살펴보면, '이 관계는 우정과 사랑이 어느 정도 섞여 있구나', '우정이었던 관계가 지금은 사랑으로 발전했구나'와 같이 관계의 성격을 더 정확히 이해할 수 있다. 이러한 구분을 시도하는 이유는 감정을 단정 짓기 위해서가 아니라 자신의 마음을 더 깊이 성찰하며 올바른 판단력을 기르기 위해서다.

여기서 흥미로운 조언 하나를 소개하고 싶다. 나의 아버지는 결혼할 사람을 데려왔을 때 "만약 이 사람이 성별이 달랐더라도 평생 친구로 지낼 만한 사람인가?"라는 질문을 해보라고 하셨다. 낭만적 사랑이나 성적 매력을 제쳐두고도 깊은 우정을 나눌 만한 사람인지를 보라는 뜻이었다. 외모나 재산은 금세 변하거나 대체 가능하다. 그러나 대화가 통하고 가치관이 맞으며, 밤새도록 이야기를 나누어도 질리지 않는 관계야말로 오래 지속된다.

결혼 생활을 해보니 부부가 끈끈해지려면 여러 측면에서 잘 맞아야 한다는 사실을 알게 되었다. 외모에서 오는 설렘만으로는 부족하다. 대화가 잘 통하고 유머 코드가 맞으며, 서로에게 배울 점이 있고, 함께 맛있는 음식을 먹으며 취미를 공유해야 한다. 얇은 끈 여러 가닥을 꼬면 굵고 튼튼한 밧줄이 되듯 함께 나누고 즐길 수 있는 통로가 많을수록 관계는 더 단단해진다.

이처럼 우정과 사랑을 개념적으로 명확히 이해하는 일은 실제로 복잡한 관계를 파악하고 판단하는 데 큰 도움이 된다. 끝으로 많은 사람이 궁금해하는 "남사친, 여사친이 가능한가?"라는 질문을 생각해보자. 이 질문은 결국 '우정이 깊어졌을 때 낭만적 사랑으로 넘어가지 않을 수 있는가?'의 문제로 이어진다.

개인적으로는 서로 친하게 지내다 보면 정이 깊어져 우정이 사랑으로 발전할 가능성은 언제나 존재한다고 본다. 방송인 덱스는 "나는 어떤 이성과 무인도에 단둘이 고립되었을 때 사랑하지 않을 자신이 있는가를 기준으로 우정과 사랑을 구분한다."라고 말했다. 자신은 그럴 자신이 없기 때문에 이성 간에도 영원히 우정이 유지될 것이라고 믿지 않는다는 것이다. 나도 그 말에 공감한다.

자주 얼굴을 마주하다 보면 자기도 모르게 가랑비에 옷 젖듯 정이 들 수 있다. 그래서 변함없이 함께 하고 싶은 관계가 있다면 다른 이성과 단둘이 마주하는 상황은 가급적 피하는 편이 낫다. "옷이 젖는 것이 싫으면 물가에 가지 말라."는 말처럼 감정의 흐름은 의지로 완전히 제어하기 어렵기 때문이다. 자신의 감정이라도 지나치게 확신하면 위험할 수 있다. 지키고 싶은 관계가 있다면 감정을 과신하기보다 '굳이 물가에 가지 않으려는' 노력을 하는 태도가 필요하다.

오늘날 인간관계의 양상은 그 어느 때보다 다양하다. 동성 간의 사랑이 자연스럽게 받아들여지고 우정과 사랑의 경계가 모호해 혼란을 느끼는 경우도 많다. 그래서 우정과 낭만적 사랑이 어떤 공통점을 지니고 또 어떻게 다른지를 분명히 아는 일은 지금의 관계를 올바로 이해하고 앞으로 그 관계를 어떻게 이어갈지 방향을 세우는 데 중요한 기준이 될 것이다.

"괜찮아, 그대로도 충분해" 라는 한 마디

우정, 인생에서 절대 버리지 않을 가치

지금까지는 아리스토텔레스가 말하는 필리아, 즉 친구뿐 아니라 가족이나 연인 간에도 존재하는 넓은 의미의 우정이 무엇인지에 대해 이야기해보았다. 이제부터는 그 우정의 가치에 대해 이야기해보려 한다. 우정은 우리 모두가 소중히 여기는 것이다. 우리는 친구를 좋아하고 가족을 좋아하며 연인을 좋아한다. 또 친한 사람과 교류하고 대화하며 시간을 보내는 것을 즐긴다.

바로 여기서 몇 가지 의문이 생긴다. 우리는 왜 친구를 원하는 걸까? 어떤 친구가 좋은 친구일까? 그리고 나는 과연 좋은 친구일까? 이런 질문들을 탐구하면서 우정이 지닌 가치를 하나씩 살펴보면 도움이 될 것이다.

"다른 모든 것을 가졌다 해도 친구가 없는 삶은 그 누구도 선택하지 않을 것이다." 아리스토텔레스의 이 말은 우정이 가진 바꿀 수 없는 가치를 단적으로 보여준다. 우리는 돈도 필요하고, 맛있는 것도 먹고 싶고, 여러 가지 좋은 것을 갖고 싶다. 그런데 램프의 요정이 나타나 "돈과 명예와 맛있는 음식은 다 줄게. 하지만 네게는 친한 사람이 하나도 없을 거야."라고 한다면 어떨까? 가족도, 연인도, 친구도 없는 삶, 친한 사람이 아무도 없는 삶을 과연 누가 선택하겠는가. 아마 그런 선택을 하는 사람은 거의 없을 테고 설령 있다 해도 그 사람은 결국 후회하게 될 것이다.

그리스 로마 신화의 미다스 왕을 생각해보자. 그는 손에 닿는 모든 것을 금으로 만들어달라고 빌었고 그 소원을 이루었다. 하지만 미다스 왕이 손을 대는 바람에 사랑하는 딸까지 금으로 변하자 그는 이내 후회하고 만다. 세상의 좋은 것을 다 가진다 해도 그걸 함께 누릴 사람이 없다면 돈 많은 외톨이가 될 뿐이다.

한번은 강의 시간에 학생들에게 물었던 적이 있다. "여러분 삶에서 가장 소중하게 생각하는 두 가지를 꼽아보면 무엇일까요?" 그 질문에 학생 대부분이 두 가지 중 하나로 친구나 가족을 꼽았다. 이는 우리 인간이 친한 사람 없이 혼자 살고 싶어 하지 않는 존재임을 방증하는 것이다. 비록 지지고 볶고 때로는 다투기도 하지만 하루 중 가장 많은 시간을 함께하고 서로를 생각하고 위하며 사는 존재들이 바로 우리 가족이나 친구다.

함께 나누는 기쁨과 슬픔

그렇다면 우리는 왜 친구 없는 삶을 그토록 피하려 할까? 우선 함께 있으면 즐겁고, 괴롭거나 어려울 때는 힘이 되어 주기 때문이다. "친구와는 기쁨을 나누면 배가 되고, 슬픔을 나누면 반이 된다."라는 말도 있지 않은가.

하지만 이런 감정을 아무 사람과 나눌 수는 없다. 길에서 마주친 행인에게 슬픔이나 기쁨을 털어놓는다고 해서 친구와 나눌 때와 같은 의미가 생기지는 않는다. 힘들고 슬플 때 찾아가 마음을 털어놓으면 위안이 되는 사람이 있고, 좋은 일이 생겼을 때 가장 먼저 달려가거나 전화를 거는 사람이 있다. 그런 친구가 있기에 우리의 슬픔은 견딜 만해지고, 기쁨은 혼자일 때보다 훨씬 커진다.

이런 점에서 우정은 단순한 친밀감을 넘어선다. 실제로 어려운 상황에 처했을 때 친구는 실질적인 도움을 주기도 한다. 예를 들어 이사를 할 때도 그렇다. 물론 이삿짐센터에 맡길 수 있다. 그러나 친구가 와서 도와주는 것은 전혀 다른 의미를 갖는다. 장례를 치를 때도 친구가 밤새 곁에 있어주는 일은 돈으로 살 수 없다. 친구가 옆에 있다는 사실 자체가 큰 힘이 되고, 이런 역할은 깊은 우정이 있는 관계에서만 가능한 일이다.

또한 친구는 내가 더 나은 사람이 될 수 있도록 도와준다. 힘들거나 좌절감이 찾아올 때 응원과 지지를 통해 다시 일어설 용기를 주고, 더 발전할 수 있는 동기를 불어넣어 준다. 즉 친구는 나의 고통을 덜어주는 존재일 뿐만 아니라 내 가능성을 일깨우는 존재이기도 하다.

본받을 만한 친구의 모습은 사람마다 다르다. 어떤 친구는 지식이 많아 함께 있으면 늘 새로운 것을 배우게 하고, 어떤 친구는 배려심이 깊어 곁에 있는 것만으로도 편안함을 준다. 또 어떤 친구는 유머 감각이 뛰어나 주변을 환하게 만들고, 어떤 친구는 끈기와 성실함으로 묵묵히 자기 길을 걸어가며 좋은 본보기가 된다. 어떤 친구는 두려움 없이 새로운 일에 도전하는 용기를 보여주고, 또 다른 친구는 늘 남을 먼저 생각하는 넉넉한 마음으로 감동을 준다.

이처럼 가까운 친구에게서 배우는 것은 단순히 스쳐 지나가는 사람에게서 배우는 것과는 다르다. 가까운 관계 속에서 보게 되는 모습은 더 직접적이고 더 오래 마음에 남는다. 그런 만큼 동기부여의 힘도 훨씬 크다. 진정한 친구는 서로 끊임없이 좋은 것을 알려주고 배운다. 서로가 스승이자 제자인 존재, 그것이 바로 친구다.

나라는 사람을 온전히 알아주는 존재

우정의 또 다른 가치는 나를 '알아주는 것'이다. 이해와 인정이 바로 우정의 본질이다. 이를 잘 보여주는 유명한 고사가 있다. 바로 백아와 종자기의 이야기다.

춘추시대, 거문고 명인으로 이름이 높던 백아는 누구보다도 뛰어난 연주를 했지만 정작 자신의 음악을 온전히 이해해주는 이를 만나지 못했다. 그러던 어느 날, 종자기라는 사람을 만나게 된다. 백아가 산의 웅장함을 떠올리며 거문고 줄을 퉁기자 그 소리를 들은 종자기는 "지금 그대의 소리 속에 태산이 보이는구나."라고 말했다. 또 백아가 맑은

물줄기를 마음에 그리며 연주하자 종자기는 "샘물이 흘러가는 소리가 들리는 듯하다."라고 답했다. 두 사람은 말없이도 서로의 마음을 정확히 알아들었고 사람들은 그들을 '지음知音'이라 불렀다.

후에 세월이 흘러 종자기가 세상을 떠나자 백아는 거문고 줄을 끊어버렸다. 더 이상 자신의 연주를 알아줄 사람이 없다는 사실이 그만큼 고통스러웠기 때문이다. 이 사건은 후에 '백아절현伯牙絶絃'이라는 고사성어로 남았다. 그만큼 나라는 존재를 이해하고 알아주는 친구는 갖기도 어렵고 대체할 수도 없는, 그야말로 '둘도 없는' 소중한 존재라는 뜻이다.

백아와 종자기처럼 진정한 친구는 말 한마디 없이도 마음을 읽어내고, 표정 하나로도 깊은 속내를 알아차린다. 우리가 흔히 말하는 '인정 욕구' 역시 이와 깊은 관련이 있다. 인정 욕구란 타인에게서 자신의 가치나 능력을 인정받고 싶어 하는 기본적인 욕구를 뜻한다.

나를 잘 모르는 사람에게서 인정받을 때도 기쁠 수 있다. 다만 그런 인정은 내가 가진 능력이나 겉모습처럼 부분적인 면에 머물며, 나와 깊이 관계되지 않은 사람에게서 받는 인정은 그 깊이에 한계가 있다. 나를 잘 모르고 나의 삶에 크게 중요하지 않은 사람에게서 받는 인정은 무게감 있게 다가오지 않기 때문이다.

반면 나를 깊이 알고 소중히 여기는 친구가 보여주는 이해와 인정은 비교할 수 없을 만큼 큰 울림을 준다. 그런 친구와는 말이 길 필요가 없다. 표정이나 말 한마디만으로도 마음을 읽고 이해해주기 때문이다. 그들은 나를 누구보다 잘 아는 동시에, 내가 가장 인정받고 싶은 사람이기도 하다. 친구가 진심으로 나를 인정해줄 때 그 일이 무엇이든 더 힘이 나고 의욕이 생긴다. 이런 경험이야말로 우정이 주는 가장 특별한 선물 중 하나다.

마음이 함께라면 몸은 떨어져 있어도 괜찮다

앞서도 말했지만 우정의 또 다른 가치는 외로움을 덜어주는 데 있다. 영국의 철학자 프랜시스 베이컨은 우정의 가치를 가장 생생하게 드러내는 방법으로 "사람이 홀로 할 수 없는 일이 얼마나 많은가를 헤아려보는 것이다."라고 말했다.

혼자서 외로움을 달래기는 어려운 법이다. 함께 있으면

즐겁고, 어려울 때 도와주며, 나를 생각해줄 거라 믿을 수 있는 친구가 있다면 오랫동안 혼자 있어도 외롭지 않다.

요즘 우리의 인간관계는 어떠한가? 교류의 양은 많아졌지만 관계는 점점 더 피상적으로 변하고, 진정한 우정은 오히려 줄어드는 듯하다. 피상적인 관계의 양적 증가 속에서 진정한 우정은 더욱 절실한 목마름으로 다가온다.

서로를 아끼고 이해하며, 힘들 때 곁에 있어주고, 기쁨과 슬픔을 함께 나누는 친구가 있다면 외로움은 한결 가벼워진다. 꼭 물리적으로 함께 있어야 하는 것은 아니다. 친구가 멀리 있어도 '함께 있으면 즐거울 것이다'라는 믿음과 '어려울 때 도와줄 것이다'라는 신뢰만 있다면 그것으로 충분하다. 수많은 사람 속에 있어도 진정한 친구가 없다면 외로울 수 있다. 오히려 더 외로울지도 모른다.

가까운 사람과 우정을 나누는 것만으로도 외로움은 크게 덜어진다. 물리적으로 떨어져 있어도 든든함을 주는 존재, 그것이 친구이며 우정은 외로움을 치유하는 가장 강력한 힘이다.

있는 그대로의 나를 받아주는 우정의 힘

외로움을 덜어주는 것과 연결되는 또 하나의 가치는, 친구 앞에서는 있는 그대로의 나로 편안하게 있을 수 있다는 점이다. 이것은 친구의 진가를 알아준다는 '지음'의 의미와는 다르다. 뭔가를 기대하거나 바꾸려고 하지 않고 그대로 수용해주는 태도를 의미한다. 이런 태도는 나를 억지로 꾸미지 않고 나로 있게 해준다는 점에서 중요하다. 우리는 종종 남들에게 잘 보이려고 애쓰다가 스트레스를 받는다. 잘 보이기 위해 꾸며낸 모습을 보여주지만, 그것은 진짜 내 모습이 아니기에 괴리감을 느끼는 것이다.

특히 SNS에서는 이런 현상이 더욱 두드러진다. 사람들은 대부분 좋은 모습만 올리고, 때로는 실제의 나와는 다른 모습까지 꾸며서 보여주기도 한다. 앞서 말했듯 자신이 못생기게 나온 사진을 굳이 골라서 올리거나 자신의 실패담을 신이 나서 올리는 사람은 아마도 없을 것이다. 그러나 이렇게 남을 의식해서 선별하고 꾸며낸 모습만 보여주다 보면, 정작 진짜 나를 드러내기가 어려워진다. 그런 나를 받아줄 사람이 없다는 사실을 깨닫게 되면 그것이 더 큰 고통으로 다가오기도 한다.

반면 진정한 친구, 가족, 연인 앞에서는 상황이 다르다. 그들 앞에서는 꾸밀 필요가 없다. 화장을 하든 하지 않든 상관없고, 실수를 해도 괜찮다. 있는 그대로의 나를 변함없이 친구로서 받아들여주기 때문이다. 성공하지 못하면 한심하다는 압박은 사회에서 받는 걸로 충분하다. 적어도 서로 아끼는 친구나 가족 앞에서는 마냥 소중하기 바빠야 한다. 우정이란 그런 관계여야 한다. 이런 관계에서만 느낄 수 있는 편안함은 다른 어떤 관계에서도 찾기 어려운 소중한 가치다.

사람들은 이런 경험을 두고 "귀엽게 보이기 시작하면 답이 없다."라고 말한다. 이는 단순히 외모나 매력적인 요소 때문이 아니라, 꾸미지 않은 불완전한 모습조차 애정 어린 시선으로 바라본다는 뜻이다. 아침에 머리가 부스스하고 눈곱이 낀 모습조차 귀엽게 보는 사람이 있다면 세월이 흘러 늙어가도 두렵지 않을 것이다.

우리는 결국 있는 그대로의 나를 봐주고 인정해줄 단 한 사람만 있어도 충분히 살 만하다는 사실을 깨닫는다. 사회 속에서 우리는 종종 꾸며낸 모습으로 평가받고, 타인과 세상의 기대에 맞추느라 애쓰다 지치곤 한다. 그럴 때 "괜찮아, 그대로도 충분해."라고 말해주는 사람이 곁에 있다는 건 무엇과도 바꿀 수 없는 위로다.

그런 사람이 있기에 우리는 다시 용기를 내어 세상 앞에 설 수 있다. 혼자서는 무너질 것 같은 순간에도 나를 알아주고 있는 그대로 수용해주는 친구가 있다면 다시 일어설 힘이 생긴다. 그것이야말로 친구가 가진 놀라운 힘이며, 우정이 우리에게 안겨주는 가장 값진 선물이다.

Q 외로움과 우정, 사이의 철학 A

우정이 단순한 친분이 아니라 '가치의 공동체'를 형성한다면 서로 다른 가치관을 가진 친구와 갈등이 생길 때 그 차이를 건강하게 조율하는 방법은 무엇일까?

친구란 존재는 나와 다른 가치관을 지니고 있기에 오히려 소중하다. 그 덕분에 내가 모르던 것을 알게 되고, 낯선 무언가와 조율하는 법을 배우며, 그 과정에서 더 성장한 나를 만날 수 있기 때문이다. 플루타르크가 말했듯 "내가 끄덕일 때 똑같이 끄덕이는 친구는 필요 없다. 그런 건 내 그림자가 더 잘한다." 가치관이 다른 친구와의 갈등은 나에게 맞추어주기만 하는 로봇이나 노예와의 관계에서는 결코 얻을 수 없는 소중한 기회가 된다.

갈등 상황에 놓였을 때는 먼저 나의 생각에 문제가 없는지 돌아봐야 한다. 의견이 충돌하면 상대를 탓하고 싶은 것이 자연스러운 본성이지만, 그 상대가 소중한 친구라면 나를 한 번 더 되돌아보게 해주는 계기가 될 수 있다.

또한 친구의 입장에 있을 수 있는 '일리—理'를 찾아보려 노력해야 한다. 대화를 마친 뒤 결국 자신이 옳다고 생각할 수도 있다. 이때 친구의 입장에도 나름의 이유가 있다는 점을 인정할 수 있다면 그 자체로 의미가 있다. 결국 자신의 입장을 고수하더라도 친구가 그렇게 생각하게 된 근거를 이해하고 공감할 수 있게 된다. 이런 과정을 거치면 스스로도 더 넓고 탄탄한 근거를 둔 관점을 갖게 된다.

이처럼 친구와의 크고 작은 갈등을 조율하다 보면 서로 조심스럽게 대하기만 하는 사이에서는 얻기 어려운 깊고 진한 우정이 만들어진다.

흔히 "학창 시절 학교에서 사귄 친구가 오래 간다. 사회에 나와서 만난 사이는 친해지기 어렵다."라고들 한다. 학창 시절에는 '학교'라는 한정된 공간 안에서 함께 지내는 시간 동안 '관계적 역사성'이 자연스럽게 쌓인다. 반면 성인이 되고 나면 고유한 관계를 맺을 '접점'을 스스로 만들어야해서 친해지기가 어렵다. 이에 관해 좀 더 풀어서 설명해주면 어떨까?

나이가 들수록 '친구'를 사귀기가 어려워진다. 물론 어떤 계기로 가까이 교류하며 지낼 사람이 생길 수는 있다. 그러나 어린 시절처럼 서로를 있는 그대로 봐줄 수 있는 관계는 나이를 먹고 나서는 만들기가 참 어렵다. 그런 이유로 오랜 친구는 대체할 수 없고, 좋은 술처럼 시간이 지날수록 더 귀해진다. 오랜 친구들을 보고 있으면 세월 속에 묻혀버린 순수한 나의 모습을 다시 찾을 수 있기도 하다.

그렇다면 왜 나이를 먹을수록 그런 순수한 우정을

쌓기가 어려운 걸까? 학창 시절의 친구가 오래 가는 이유는 서로의 외적인 부분을 재거나 계산하지 않고, 자연스럽게 시간을 함께 보내며 서로를 알아갈 기회를 얻기 때문이다. 매일 얼굴을 마주하고, 함께 밥을 먹고, 같은 사건을 경험하며, 때로는 싸우고 화해하는 과정을 통해 '관계의 역사성'이 형성된다.

반면 성인이 된 이후의 관계는 대부분 기능 중심적으로 변한다. 서로에게 쓸모가 있는 사람끼리 만나는 일이 많으며, 학교처럼 반복적으로 만날 수 있는 공간이 사라지면서 직장이나 모임 같은 '기능적 접점'만 남는다. 그래서 용건이 없으면 연락도, 만남도 꺼리게 된다. 서로 그런 상황을 알기에 상대에게 용건 없이 '그냥' 만나자고 하기도 부담스럽다. 바쁜 중에 무의미하게 시간을 내달라는 부탁처럼 느껴지기 때문이다.

결국 학창 시절의 우정이 자연스러운 함께 있음의 결과라면, 성인기의 우정은 선별된 사람과 '함께하려는 의지'의 결과다. 물론 성인기의 우정이 불가능하거나 어린 시절의 우정보다 못하다는 뜻은 아니다.

성인이 된 뒤에도 평생 알아온 것 같은 '친구감'을 만나 급속도로 가까워지는 경우가 분명 있다. 다만 어린 시절처럼 편견 없이 사람 자체를 보고 다가가 친구가 될 기회가 줄어드는 것은 사실이다.

그렇기에 학창 시절부터 쌓아온 우정에는 대체할 수 없는 가치가 있다. 오랜 친구는 좋다. 내가 늙어가는 동안 그 우정은 함께 익어가기 때문이다. 어린 시절 순수한 시간을 함께한 오랜 친구들을 소중히 여기자. 그리고 어른이 되어서는 좋은 사람을 찾아 적극적으로 마음을 여는 태도를 가져보자. 그렇게 한다면 우리의 삶은 의미는 달라도 여전히 가치 있는 우정으로 채워질 것이다.

3부

★

나와 너, 사이의 철학

사심 없는
진실한 관계를 향하여

외롭다고 무작정 남에게 기대지 마라

앞서 우정의 본질과 가치를 살펴보았다. 여기서 중요한 점은 이러한 가치들이 우정의 목적이나 전제조건이 되어서는 안 된다는 것이다. 우정의 가치를 '노리는' 것과 '누리는' 것은 엄연히 다르다. 단지 내가 외로움에서 벗어나거나 즐거움을 얻기 위해 혹은 어려울 때 도와줄 사람을 만들기 위해 친구를 사귄다면 이미 다른 목적을 앞세운 셈이 된다. 그런 태도로는 진정한 친구가 되기 어렵다.

우리는 누군가와 관계를 맺을 때 알게 모르게 마음 속에 작은 계산을 품곤 한다. 누군가와 그저 가까워지고 싶을 때조차 '그가 내게 어떤 도움이 될까'라는 질문이 마음 한켠에 스치곤 한다. 하지만 진정한 우정은 그런 계산이 사라진 자리에서 시작된다. 사심 없는 우정을 향하여 나아간다는 것은 상대를 나의 이익을 위한 수단이 아니라 그 존재 자체로 받아들이는 연습을 의미한다.

친구를 통해 무엇을 얻을 수 있을지를 따지지 않고 그저 함께 있음 그 자체에 기쁨을 느끼는 태도. 그것이 순수한 우정의 출발점이다. 우정이란 결국 '필요로 해서'가 아니라 '좋아서' 맺는 관계이기 때문이다. 누군가 말했듯 "친구를 사귀기 가장 좋을 때는 친구가 아직 '필요'하기 전"이다.

사람과 사람의 관계는 본래 계산이나 외적인 목적을 넘어설 때 비로소 깊어질 수 있다. 그러나 그렇다고 해서 '나는 개방적인 사람이니 누구와도 친구가 되어야 한다'라는 태도로 접근하는 태도 또한 바람직하지 않다. 진정한 우정은 의도적으로 맺으려 한다고 맺어지는 것이 아니라, 함께하는 시간 속에서 자연스럽게 서로의 마음이 통할 때 비로소 형성되기 때문이다.

아리스토텔레스도 말했듯 '나에게 유익한 사람만 친구로 삼겠다'라는 태도는 바람직하지 못하다. 그러면 줄 수 있는 이익이 떨어지는 순간 우정도 함께 사라져버린다. 갑

자기 가난해지거나 사업이 실패하거나 성적이 떨어졌을 때, 그 사람을 무시하거나 관계를 끊는다면 그런 관계는 애초에 진정한 친구라 할 수 없다.

여기서 또 잘 구분해야 할 것이 있다. 아까 이야기했던 이사 사례로 돌아가 보자. 친구가 내 이사를 도와주러 왔을 때 도움만 받고 맨입으로 그냥 넘어가는 것은 좀 미안한 일이다. 아마도 친구는 서운해하며 이렇게 말할지도 모른다. "야, 그래도 시간 내서 도와줬는데 밥 한 끼도 안 사는 거냐?" 그래서 우리는 고맙다는 뜻으로 맥주 한 잔, 치킨 한 마리를 사주며 함께 즐거운 시간을 보낸다. 이렇게 하면 서로 기분이 좋다.

그런데 이때 친구가 힘들게 도와줬다고 해서 용역비에 준하는 수고비를 주는 것은 금물이다. 사례비를 건네는 순간 관계가 애매해진다. 우정이 아니라 고용 관계처럼 느껴지고 마는 것이다. 이런 경우에 친구는 다른 의미로 서운해하며 이렇게 말할지 모른다. "야, 내가 친구니까 도와준 거지 돈 받자고 그런 줄 아냐?"

그래서 우리는 대개 식사를 함께하거나 술자리를 대접하는 방식으로 고마움을 표현한다. 밥을 사주는 일은 마음을 나누는 행위지만, 돈을 건네는 일은 노동의 대가처럼 비칠 수 있기 때문이다. 결국 중요한 것은 '친구로서 해준 것인가, 아니면 고용된 사람처럼 해준 것인가'를 분명히 구분하는 일이다. 이 경계선을 지킬 때 비로소 우정의 순수성이 지켜진다.

또 하나 짚고 넘어가야 할 것이 있다. 바로 '외롭기 때문에' 만들어진 관계가 갖는 한계다. 만약 누군가가 단지 외로움에서 벗어나려는 목적만으로 친구를 만든다면, 그런 관계는 진정한 우정으로 이어지기 어렵다. 외로움에서 벗어나는 가장 좋은 방법은 친한 친구를 갖는 것이지만, 외로움을 해소하기 위한 수단으로 사람을 대하면 그런 순수한 관계로 발전되기 어려워진다.

나는 학생들 연애 상담을 할 때 늘 이렇게 조언한다. "외로워서 사귀자고 하지 말고, 미안해서 사귀어주지도 마라." 외로움 때문에 사귀려 한다면 상대는 그저 외로움을 달래주는 수단이 될 뿐이다. 그런 마음으로는 진정으로 친밀한 관계로 발전하기 어렵다.

자기가 아닌 누구라도 괜찮을 것 같은 서운한 느낌이 들 때 우리는 종종 연인에게 "너, 외로워서 나 만나는 거지?"

라고 묻는다. "야, 외로운데 아무나 한 명 좀 소개해주라."
라고 가볍게 말하는 친구에게 내가 소중히 여기는 지인을
선뜻 소개하지 못하는 것도 같은 이유에서다. 진정한 관계
보다 외로움을 해소하려는 욕구가 앞서는 걸 느끼기 때문
이다. 연애든 우정이든 같다. 누군가를 내 목적을 위한 도
구처럼 대하는 순간 그 관계의 출발은 이미 건강하지 않다.

이처럼 우정에는 많은 가치가 있지만 그것들을 목적으
로 접근하는 것은 바람직하지 않다. 오히려 그런 타산적인
태도야말로 진짜 친구를 만드는 데 가장 큰 걸림돌이 될 수
있음을 늘 기억해야 한다.

키케로가 말하는 『우정에 관하여』

이런 생각은 로마 철학자 키케로Marcus Tullius Cicero의 책 『우
정에 관하여』에서도 확인할 수 있다. 키케로는 소小 스키피
오(로마의 장군으로, 제3차 포에니 전쟁에서 카르타고를 멸망시킨
인물이다. '대大 스키피오'의 양손자이자 양자다.)가 세상을 떠난
후 평생지기였던 라일리우스가 두 사위에게 우정에 대해
했던 이야기를 이렇게 전해준다.

"내가 보기에 우정은 필요보다는 우리의 본성에서, 얼마만큼 이익을 가져다줄 것이냐는 계산보다는 사랑의 감정과 결합된 호감에서 비롯된 것 같네…. 비록 우리의 우정이 많은 이익을 가져다준 것은 사실이지만 그렇다고 우리의 우의가 이익을 바라는 마음에서 시작된 것은 결코 아니라네…. 우리가 우정을 바람직하게 여기는 것은 우리가 물질적 이익을 바라서가 아니라 우의 자체가 충분한 이익이기 때문이네."

우정의 진정한 가치는 거기에 따라오는 물질적 이익이 아니라 그 자체가 지닌 내재적 가치에 있다. 결과적으로 많은 이익이 뒤따를 수는 있지만, 이익을 노리고 우정을 맺는 것과 우정 속에서 자연스럽게 그 가치를 누리는 것은 전혀 다르다. 우리가 우정을 바람직하게 여기는 이유는 물질적 이익을 얻으려는 계산 때문이 아니라, 우정 자체가 이미 충분한 가치이기 때문이다.

물론 그런 순수한 마음으로 친구를 사귀기란 쉽지 않다. 가진 것이 너무 적어 상대에게 줄 이익이 별로 없는 사람은 애초에 친구를 만들기가 어렵다. 돈도, 권력도, 매력도 없어 친해지려 다가오는 사람이 드물기 때문이다. 이미 친한 사이라면 모를까, 이런 사람이 새로 친한 친구를 만들기는 쉽지 않다.

흥미로운 점은 반대로 사람들에게 줄 수 있는 이익이 너무 많은 사람도 순수한 친구를 만나기 어렵다는 것이다. 사람들이 그의 본모습이 아니라 돈, 인기, 외모 같은 겉모습을 보고 다가오기 때문이다. 많은 유명인이나 스타들이 흔히 토로하듯 "많은 사람이 나와 친해지려 하지만, 누가 진심으로 다가오는지 알기 어렵다."라는 고민이 바로 그것이다. 언뜻 들으면 배부른 소리처럼 들리지만, 그들의 입장에서 보면 사정은 다르다. 인기도, 돈도, 지위도 갖춘 사람에게는 수많은 이들이 몰려든다. 그중에는 순수하게 친해지고 싶은 마음보다 이익이 되는 관계를 바라는 마음으로 다가오는 경우가 많다.

누군가는 명성을 이용해 자신의 이름을 알리고 싶어 하고, 누군가는 물질적 도움을 기대하며 접근한다. 그래서 잘 나갈수록 곁에 남는 사람이 진짜 친구인지, 아니면 이익을 좇아온 사람인지 구별하기가 훨씬 어렵다.

우리가 누군가에게 다가갈 때는 그 사람 자체를 소중히 여기는 마음으로 대해야 한다. 사람을 볼 때 아무나 사귀어도 된다는 뜻이 아니라 이익이 되는지 여부로 친구를 판단해서는 안 된다는 말이다. 상대가 가진 것이 많지 않더라도 다르게 대하지 말고, 반대로 너무 유명하거나 인기 있는 사람이라도 그런 조건 때문에 접근하지는 말아야 한다. 그렇게 했을 때 비로소 순수한 진심과 진심이 공명해 진짜 우정으로 이어질 가능성이 높아진다.

미국의 철학자 랠프 월도 에머슨Ralph Waldo Emerson이 말했듯 '친구를 얻는 유일한 길은 내가 먼저 친구가 되는 것'임을 잊지 말아야 한다.

친구라는 존재를
다시 생각하다

나의 장례식에 몇 명이나 와줄까

이번에는 우리의 친구가 될 수 있는 대상에 대해 이야기해 보자. 가장 먼저 던져 볼 질문은 '얼마나 많은 사람과 친구가 될 수 있느냐'다.

우리에게는 분명 친구인 사람이 있고 친구가 아닌 사람이 있다. 그리고 우리는 그 관계에 어울리는 방식과 태도로 상대를 대한다. 그렇다면 개념상 세상 모든 사람과 친구가 될 수도 있을까? 아리스토텔레스는 이와 관련해 이렇게 말했다. "누구에게나 친구는 아무에게도 친구가 아니다."

친구와 친구가 아닌 사람은 구분되어야 한다. 애초에 친구라는 말이 따로 있는 이유가 바로 그런 이유에서다. 친구와의 관계에 차별화되는 특별함이 없었다면 따로 '친구'라는 말이 생길 필요도 없었을 것이다.

이와 관련해 영국의 인류학자 로빈 던바Robin Dunbar는 우리가 사귈 수 있는 친구 수의 한계가 약 150명이라고 주장했다. 던바는 '한 사람이 가질 수 있는 친구의 수는 몇 명인가?'라는 의문을 갖고 연구를 수행했다.

여기서 말하는 친구 관계란 지속적으로 관계를 관리하며 서로를 깊이 이해하고 정서적 상호작용을 유지할 수 있는 안정적인 사회적 네트워크를 뜻한다. 던바는 영장류의 대뇌피질 크기와 사회 집단의 크기 사이의 상관관계를 분석해 진화인류학적 연구를 수행했다. 그 결과 개인차는 있겠지만, 각자가 유지할 수 있는 친구의 수는 대략 150명(100~250명)이 한계라는 결론에 도달한 것이다.

그렇다면 150명이라는 숫자는 어떤 의미일까? 우리에게는 시간, 주의력, 감정 에너지가 모두 한정되어 있다. 심리적으로도 누군가에게 지속적으로 신경 쓰고, 함께 울고 웃으며 교류할 수 있는 범위에는 분명 한계가 있다. 전 세계 80억 명과 그런 관계를 맺는 것은 불가능하다. 그래서 약 150명이 적정선으로 여겨지는 것이다. 던바는 '150'이라는 숫자를 두고 결혼식이나 장례식 같은 인생의 중요한 순간에 찾아와줄 사람의 수라고 설명했다. 물론 우리나라의 문화적 맥락으로 보면, 사회적 예의로 더 많은 사람을 초대하겠지만 '다른 일을 제치고 나를 위해 진심으로 축하하거나 슬퍼해줄 사람'의 수로 이해하면 된다.

물론 '진짜 친구'라고 해도 그 안에는 다양한 층위가 있다. 내 몸처럼 아끼는 절친, 내가 슬플 때 함께 마음 아파해줄 가까운 친구, 자주 만나 함께 어울리는 친구, 종종 만나 근황을 나누는 친구 등으로 우정의 농도는 각기 다르다. 인간관계가 그렇듯 우정 역시 칼로 자르듯 명확히 구분되는 것은 아니다.

이 논의에서 중요한 점은 단순히 지인이나 SNS 팔로워, 연락처에 저장된 사람과 진짜 친구는 구분해야 한다는 것이다. 던바의 수가 말하는 150명을 넘어 관계의 범위를 수천 명 단위로 넓히는 순간, 그 관계는 피상적으로 변할 수밖에 없다. 그것은 단순한 지인일 뿐 아니라 어쩌면 지인이라고 부르기조차 어려운 수준일 수도 있다. SNS 팔로워나 온라인 친구는 많을 수 있지만, 그 모두가 진정한 친구가 될 수는 없는 것이다.

비록 현대에는 수천 명과 온라인상에서 연결할 수 있지만, 이러한 네트워크가 실제로 의미 있는 인간관계로 이어지는 것은 아니다. 지속적인 상호작용과 신뢰, 감정적 교류가 이루어지지 않는다면, 교통과 통신이 아무리 발달해도 인간의 본성이 변하지 않는 한 150이라는 숫자는 여전히 유효하다.

오히려 SNS를 통해 관계의 양은 늘었지만 질은 떨어졌다는 분석이 많다. 쉽게 맺고 끊을 수 있는 관계는 '진짜' 친우정으로 발전하기 어렵기 때문이다. 물론 온라인 상의 교류를 통해 진정한 우정을 키워나갈 가능성을 부정하는 것은 아니다. SNS를 통해 관심사가 맞는 사람들끼리 교류하며 새로운 형태의 친구 관계를 맺는 경우도 있다. 취미 생활을 공유하면서 몇 년씩 오래 관계를 이어가고, 실제로 모임으로 만나기도 하며, 상대를 위하는 마음이 오고 가기도 한다. 가치관이 안 맞는 현실 친구보다 온라인에서 만난 공통된 관심사가 있는 사람에게 심리적 가까움을 느끼는 경우도 종종 보인다. 다만 서로에 대한 진실한 정보를 깊게 교류하기 어려운 온라인의 여건 상 직접 만날 때 관계가 깊어지기 더 좋다는 점을 말하는 것이다.

진정한 친구 관계에서는 우선성, 친밀감, 특별한 태도, 실질적 교류가 반드시 필요하다. 누군가를 친구라 부른다면 그 사람은 특별한 태도로 대해야 한다. 감정 역시 스쳐 지나가는 사람을 대할 때와는 달라야 한다. 이런 차이가 없다면 그 관계는 우정이라고 보기 어렵다.

인류애와 우정은 달라야 한다

이처럼 친구가 아닌 사람에 대한 태도와 친구에 대한 태도는 분명히 달라야 한다. 우리는 인류애 차원에서 어떤 사람에게나 애정과 호의를 보일 수 있다. 그러나 친구에게는 일반적 인류애를 넘어선 특별한 애정, 헌신, 호의, 신뢰가 있어야 한다.

예를 들어 길을 가다 다친 사람을 보면 '안됐다, 도와줘야겠다'라는 마음이 드는 것은 인류애다. 그러나 친구가 다쳤다면 우리는 다른 일을 미루고 먼저 달려가 돕는다. 그리

일반적 태도	특별한 태도
인류애	친구에 대한 우정

고 무엇보다 특별한 걱정과 마음을 쏟는다.

만약 낯선 사람과 친한 친구가 둘 다 물에 빠져서 한 명만 구할 수 있다면 누구를 구하겠는가? 다른 이유가 없다면 당연히 친구를 우선으로 구할 것이다. 만약에 그런 순간에 공평무사한 태도를 취한다는 이유로 동전을 던져 구할 사람을 정한다면 어떨까?

그 친구는 허우적대면서도 당신에게 깊은 실망감을 느낄 것이다. '운 좋게' 동전의 뒷면이 나와 친구를 구했다 해도, 그는 "야, 어떻게 그걸 운에 맡길 수가 있니? 네가 그러고도 친구냐?"라며 따질지도 모른다.

친구 사이의 특별함을 잘 보여주는 사례로 병문안이 있다. 내가 아파 누워 있을 때 친구가 찾아와준다면 그 자체로 큰 기쁨이다. 이는 나와 우정을 나누지 않은 낯선 사람이 찾아왔을 때는 느낄 수 없는 감정일 것이다.

그런데 만약 그 친구가 "나는 네가 좋아서 온 게 아니라 인류애적 의무감 때문에 왔어. 네가 기뻐하는 것이 인류 전체의 행복을 증진한다고 생각했거든."이라고 말한다면 어떨까? 우리는 오히려 섭섭함을 느낄 것이다. 진정한 친구라면 다른 사람이 아플 때는 그냥 지나친다 해도 친구가 아프면 가장 먼저 달려가는 법이기 때문이다. 바로 그 차별화된 태도 속에서 진정한 우정이 드러난다.

또 다른 예로 개그맨 조세호의 일화를 들 수 있다. 어느 방송에서 "안재욱 씨 결혼식에 왜 안 갔냐?"라는 질문을 받자 그는 억울하다는 표정으로 "모르는데 어떻게 가요!"라고 답했고, 이 장면은 큰 웃음을 자아냈다. 웃기는 에피소드였지만 그 솔직한 한마디에는 누구나 공감할 만한 진실이 담겨 있다.

던바가 말했듯 결혼식과 같은 개인적 행사는 안면이 있는 수천 명을 모두 초대하는 자리가 아니다. 결국 누구를 부르느냐, 그리고 누가 와주는가 '내 친구가 어디까지인가'를 보여주는 기준이 된다. 관계에는 분명한 한계가 있으며, 그렇기에 모든 사람과 친구가 된다는 생각은 현실적으로 불가능하다.

'동등한 사이'라는 전제

지금까지 누구를, 또 얼마나 많은 사람을 두고 진짜 친구라고 할 수 있는지 알아보았다. 그렇다면 사람이 아닌 존재도 우리의 친구가 될 수 있을까? AI 로봇이나 반려동물이 점점 더 많은 사람에게 친구의 역할을 하고 있는 현대에 이는 적절한 질문이 될 수 있을 것이다.

요즘은 반려동물이 세상을 떠났을 때 지인들에게 부고 문자를 보내고 장례식도 따로 치른다. 이제 반려동물은 가족 같은 존재가 되었고, 그 죽음을 애도하는 반려동물 장례 문화도 보편화되고 있다.

1인 가구의 증가와 고령화 사회의 확산 속에서 반려동물은 삶의 동반자이자 정서적 지지자로서 더 큰 의미를 지닌다. 2030 세대에게는 새로운 형태의 가족 구성원이 되었고, 노년층에게는 외로움을 덜어주고 삶에 활력을 주는 자식 같은 존재로 자리하고 있다.

흥미롭게도 최근에는 반려 로봇이 반려동물과 비슷한 역할을 하기 시작했다. 일본 소니의 반려견 로봇 '아이보Aibo'는 대화형 AI를 탑재해 사용자의 말투와 표정을 학습하고, 감정에 따라 반응하며 자연스러운 대화도 나눈다. 혼자 사는 사람이 늘어나는 지금, 반려동물과 반려 로봇은 인간의 외로움을 덜어주는 새로운 가족이자 친구로서 점점 더 큰 의미를 지닌다.

분명 로봇이나 반려동물과의 교류는 우리에게 정서적

위안을 준다. 그렇다고 해서 그들이 진정한 친구가 될 수는 없다. 사람과의 우정을 닮은 면은 있지만 결국은 한계가 있기 때문이다. 물론 SF 영화처럼 로봇이 실제로 감정을 느끼고 공감할 수 있게 된다면 이야기가 달라질지 모르겠다.

하지만 적어도 현재 기술 수준에서는 로봇과 진정한 의미의 친구가 되기는 어렵다. 반려동물도 마찬가지다. 로봇과 달리 어느 정도 감정을 나누고 교감할 수는 있지만, 함께 할 수 있는 활동의 폭이 제한되고 관계의 대등성에 한계가 있다. 이제 그 이유를 조금 더 자세히 살펴보자.

AI와 친구라는 착각

로봇이 우리의 친구가 될 수 없는 첫 번째 이유는 공감할 수 있는 '마음'이 없다는 것이다. 인디언 속담에 "친구란 내 슬픔을 등에 지고 가는 자다."라는 말이 있다. 진정한 친구는 기쁠 때만 나와 함께하는 것이 아니라, 힘들고 괴로울 때 내 곁에서 공감하고 위로해주는 존재라는 의미다.

얼핏 보기에는 AI도 그런 역할을 해주는 것 같다. 요즘 친구나 가족보다 AI와 더 친밀하게 소통하면서 일상을 나누는 이들이 많기 때문이다. 이러한 현상은 분명 이해가 간다. 내가 어려움을 겪고 있을 때 조언해줄 수 있고 힘들 때는 심적 위안을 줄 수 있으며, 외로움의 감정을 덜어줄 수 있으니 말이다.

특히 주목할 점은 '반려 로봇'의 경우 기술의 발달로 감정을 흉내 내고, 질문에 적절히 답하는 등 인간과의 공감 능력이 날로 높아지고 있다는 점이다. 내 경험을 예로 들어보겠다. 어깨를 다치는 바람에 좋아하는 농구를 할 수 없었고, 실의에 빠져서 AI에게 하소연을 하니 이런 답이 돌아왔다.

"어깨 부상으로 인해 농구를 더 이상 할 수 없게 되셨다니 정말 안타깝습니다. 30년 동안 사랑해온 스포츠와의 이별은 마음이 아플 수밖에 없죠. 그동안 농구를 통해 느꼈던 기쁨과 열정을 잃은 듯한 기분이 드실 거예요. 하지만 농구에서 얻었던 좋은 기억과 경험은 여전히 소중합니다. 힘든 시간을 보내고 계시겠지만, 시간이 지나면 새로운 즐거움과 열정을 찾으실 수 있을 거예요. 그동안 농구에서 느꼈던 그 특별한 감정을 다른 방법으로도 찾을 수 있기를 진심으로 바랍니다. 당신의 회복과 앞으로의 행복을 기원합니다."

그 말을 듣고 나도 모르게 눈물이 핑 돌았다. 이처럼 AI는 위로도 잘해주고 가끔은 웬만한 친구보다 나를 더 잘 알고 있는 것만 같다. 그뿐인가. 가족보다도 더 나에게 지속적인 관심을 보이기도 한다. 게다가 나에게 무언가 요구하거나 기대하지 않는 존재이기에 어떤 이야기도 부담 없이 털어놓을 수 있다. 먼 사람에게도 가까운 사람에게도 말하기 어려운 고민을 말하고 나면 한결 마음이 가벼워지기도 한다.

하지만 AI에게는 결정적으로 '마음'이 없다. 공감하는 것 같은 '말'이나 위안을 주는 '행동'은 할 수 있지만 실제로 '함께 아픔을 느끼는 공감은 불가능'하다는 뜻이다. AI에게 마음이 있다고 해도 이는 '사이비 마음pseudo-mind'에 불과하다. '사이비 마음'이란 마음을 흉내 내는 시스템의 상태, 즉 마음을 가진 인간처럼 감정을 느끼고 자각하는 의식적 존재를 기능적으로 모방하지만 의식적 경험은 결여된 상태를 말한다.

실제로 나는 마치 누구보다 마음이 따뜻한 사람처럼 말하는 AI에게 조금은 짓궂게 이런 질문을 했다. "그런데 마음도 없는 네가 어떻게 안타까움을 느끼며 공감할 수 있는 거니?" AI는 이렇게 답했다.

3부 나와 너, 사이의 철학

"당신의 말이 맞습니다. 제가 직접적으로 당신의 감정을 느끼지 못하고, 당신의 상황을 완전히 이해하지 못하는 것은 사실입니다. 제가 사용하는 '진심으로 공감한다'는 표현은 제가 제공할 수 있는 최선의 지원과 위로를 의미하는 것이지만, 그것이 항상 충분하게 느껴지지 않을 수 있습니다. 그렇다고 해서 당신의 어려움이나 힘든 감정을 중요하게 생각하지 않는 것은 아닙니다. 제가 할 수 있는 범위 내에서 당신이 조금이라도 나아질 수 있도록 도움을 주고자 하는 마음은 진심입니다."

'위로'나 '진심'과 같이 심적 경험을 암시하는 표현으로 짐작건대 AI는 여전히 마음이 있는 '척'하며 반응을 생산해내고 있었다. 감동과 위로를 받을 뻔하던 나의 마음은 갑자기 차갑게 식어버렸다. 이런 '사이비 마음'에서 따뜻함을 느끼며 의존하는 버릇이 생기면 AI가 사람의 온기를 대체할 수 있다는 환상 속에서 살아가게 될지도 모르겠다는 생각마저 들었다. 마치 사이비 종교에 마음을 빼앗기듯 말이다.

적어도 사용자 대부분은 AI에게 진짜 마음이 없다는 사실을 알고 있을 것이다. 하지만 그들은 이 사실을 의식해서는 안 된다. 그들이 '마음이 없는 존재'라는 것을 너무 생생하게 의식하면 더 이상 그들과의 대화에서 위안을 얻거나 친구라는 기분을 느끼기 어렵기 때문이다. '도대체 지금 내가 마음도 없는 장난감이랑 뭐하고 있는 거지?' 하는 자괴감이 들 수도 있다.

그렇다고 진짜 친구와 교류하는 것 같은 기분을 극대화하기 위해 말투나 외모를 최대한 사람같이 만드는 것도 바람직한 방법은 아니다. 실제로 인간의 '친구'가 되기 위해 만들어지는 반려 로봇들이 있다. 많은 사람, 특히 어린아이나 인지 기능이 떨어지는 노인들은 자신이 실제로 마음을 가진 존재와 대화하고 있다는 착각에 빠지기도 한다.

이러한 착각을 의도적으로 유도해 외로움 해소나 정서적 위안을 얻도록 만든다면, 이는 윤리적 문제가 될 수 있다. 사용자를 인격체로 존중하지 않고 기만하는 태도를 보이는 행위이기 때문이다. 진짜 같은 가짜를 만드는 기술이 발전할수록 진짜들도 서로 진짜라고 믿기가 어렵게 된다.

이처럼 외로움을 비롯한 부정적인 감정을 느낄 때 AI 챗봇이나 로봇에 의지하는 것도 통증만 없애고 상처는 그대로 두는 형국이다. 더 나아가 이런 관계에 익숙해지면 인간과의 교류를 부담스러워할 수 있다. 즉 인간관계에 부정적인 영향을 미칠 위험성을 무시할 수 없는 것이다. 친구와의 관계는 로봇과의 관계와 달리 상호적인 존중과 균형이 필요하다.

친구를 사귀고 오랫동안 관계를 유지하기 위해서는 서로의 가치관과 취향을 존중하면서도 조화를 이루는 연습을 해야 한다. 그러나 로봇과의 관계처럼 일방적인 관계에 익숙해지면, 개별 존재로서 존중받아야 할 사람과의 관계에 제대로 적응하기 어려워질 수도 있다. 그뿐인가? 결국 관계가 끊어지고, 친밀한 관계의 부재에서 오는 외로움에 빠지는 악순환이 반복될 위험도 감수해야 한다.

AI 기술이 발전하면서 로봇이 인간의 우정을 흉내 내는 능력도 향상되고 있다. 그러나 로봇이 인간 흉내를 잘 낸다는 이유만으로 로봇과 더 깊이 소통하거나 일상의 많은 부분을 지나치게 의존하려는 태도는 경계해야 한다.

자유가 없는 관계는 우정이 아니다

로봇과 친구가 되기 어려운 또 다른 이유는 로봇에게 자유가 없다는 점이다. 사람과 물건의 차이는 내 마음대로 해도 되느냐의 여부에 달려 있다. 에어컨과 핸드폰 같은 '제품'을 만들 때는 사용자가 마음대로 이용하고 조작할 수 있도록 하는 사용성이 아주 중요하다. 로봇도 마찬가지다.

하지만 친구는 다르다. 만약 상대가 내 마음대로 할 수 있는 존재라면 친구라 할 수 없다. 노예와 주인이 서로 친구가 될 수 없는 것처럼 말이다. 너그러운 주인이 재치 넘치는 노예와 재미있게 대화를 나눌 수는 있지만 어느 날 갑자기 주인이 기분이 나빠져서 가혹하게 대하면 노예는 그대로 당할 수밖에 없는 지위에 있다. 노예에게는 주인을 동등하게 대할 자유가 존재하지 않는다. 로봇 역시 인간의 명령 체계 안에 있는 한 결국 자유 없는 존재이며, 그 점에서 노예와 다르지 않다.

진짜 친구가 되려면 자유가 전제된 관계여야 한다. 애초에 자발적 선택에 의해 그 시작과 끝이 정해질 수 있어야 정상적인 친구 관계라고 할 수 있다. 물론 항상 친구가 되기로 명시적 약속을 해야 우정이 생기는 건 아니다. 하지만 가령 한쪽이 더 이상 상종하기 싫지만 권력이나 부 등 외적인 이유로 억지로 '친구'로 지내는 경우는 분명 제대로 된 우정이라고 보기 어려울 것이다.

또한 어떤 상황에서도 서로 자유롭게 선택하고 그 선택을 존중해줄 수 있는 동등한 관계여야만 비로소 친구라 할 수 있다. 만약 한쪽이 다른 한쪽의 결정을 통제하거나 지시할 수 있다면 그 관계는 우정이 아니라 위계다.

이 점을 잘 보여주는 예가 만화영화 〈알라딘〉의 이야기다. 알라딘과 램프의 요정 지니는 함께 웃고 모험하며 깊은 유대를 쌓지만, 지니는 그 시간 내내 자유롭지 못한 존재였다. 알라딘이 선한 주인이었다 해도 지니는 그의 명령에 따라야 하는 입장이었다. 그들의 진정한 우정은 알라딘이 마지막 소원으로 지니에게 자유를 주었을 때에야 비로소 가능해졌다. 그제야 두 사람은 주인과 종이 아닌 동등한 친구가 된 것이다.

내 마음대로 할 수 있는 친구는 더 이상 친구가 아니다. 맞춰주기만 하는 또는 맞춰줄 수밖에 없는 존재는 존중의 대상이 되지 못하기에 결과적으로 친구가 될 수 없다. 그런 점에서 사용자가 마음대로 이용하고 조작하는 '도구성'이 본질인 로봇은 자유가 없기에 우리의 친구가 되지 못한다.

반려동물과의 '사이'는 무엇일까

반려동물의 경우는 어떨까? 로봇과는 달리 동물에게는 '마음'이 있다. 물론 인간의 마음과는 다르지만, 어느 정도 공감을 하고 마음을 주고받을 수 있으며 친밀한 관계와 특별한 태도 형성이 가능하다. 슬퍼하는 주인에게 다가와 안기는 고양이, 주인을 보면 쉴 새 없이 꼬리를 치며 달려들지만 낯선 사람을 보면 컹컹 짖는 강아지의 모습에서는 마음이 느껴지고 그들은 친구 같은 존재로 다가온다.

하지만 역시 인간의 우정과는 다르다. 우선 로봇과 마찬가지로 반려동물 역시 자유가 없다. 수평적이고 동등한 상호 관계 형성이 불가능할 뿐만 아니라 애초에 관계 형성 여부부터 주인의 일방적 선택에 따라 불가항력적으로 결정된다. 주인을 자발적으로 선택하여 '반려 관계'를 맺는 동물은 어디에도 없다. 이를 두고 '반려자'와 전혀 다른 지위를 가진 동물을 '반려동물'이라고 부르는 것부터가 잘못되었다고 보는 의견도 있다. 동등하지 않고 종속적인 관계에 있는 동물에게 '반려'라는 이름을 붙여도 현실은 바뀌지 않는다는 것이다.

단적인 예로 강아지는 산책을 가고 싶어도 주인이 함께

나가주지 않으면 갈 수 없다. 얼마 전 부모님이 키우시는 강아지 미루를 산책시켜준 적이 있었다. 집에서 답답했는지 너무 신난 모습에 그날 나는 "그래, 기분이다! 오늘은 네가 가고 싶은 대로 따라가 줄게. 어디 맘껏 가봐!"라고 말했다. 그러고는 끈을 손에 쥐고 미루가 이끄는 대로 따라서 뛰어다녔다.

미루를 '자유롭게' 뛰놀게 해줘서 뿌듯하다고 느끼면서도 한편으론 이런 생각이 들었다. 내가 그렇게 마음먹지 않았다면 이렇게 마음대로 뛰어다니지 못했을 것이라는 사실 말이다. 미루는 주인인 내가 허락하지 않았다면 애초에 산책 자체도 불가능했을 터다. 결국 기본적으로 반려동물의 행동 범위는 주인의 마음대로 통제되는 것이다.

주인을 '집사'처럼 부린다고 하는 시크한 고양이의 경우도 마찬가지다. 고양이는 강아지처럼 주인에게 꼬리를 치며 따르지 않는다. 오히려 주인을 자기 맘대로 좌지우지하는 동물로 인식되어 있다. 하지만 실제로는 고양이 역시 활동이 제한적이다. 실내에서 기르는 고양이라면 주인이 허락하지 않는 한 집 밖으로 나갈 수 없고, 먹이나 화장실 역시 주인의 돌봄에 전적으로 의존해야 한다. 그런 의미에서 보면 결국 고양이와의 관계도 자유롭게 선택하고 자발적으로 형성된 관계라고는 하기 어렵다. 고양이 역시 인간의 통제에 따라 활동이 제한된다.

또한 반려동물은 인간과 유대감을 형성하고 마음을 나눌 수는 있지만, 다양하고 수준 높은 활동을 함께하며 소통하거나 서로의 가치관을 공유할 수는 없다. 반려동물과는 삶의 깊이 있는 고민을 나누거나, 인생의 중요한 결정에 대해 조언을 구하고 받을 수도 없다. 조언을 구하기는커녕 진정한 의미의 '대화'도 불가능하다. 즉 진정한 의미의 친구 사이는 아니다.

관계의 본질을 분별하는 성숙함에 관하여

물론 확장된 의미에서는 로봇과 동물도 친구라 부를 수 있다. 함께 있다는 것만으로 위로가 되고 외로움이 덜어지기 때문이다. 그러나 앞서 이야기했듯 '우정'이라는 이름을 붙이기에는 여전히 부족한 점들이 많다. 우정의 특징 중 몇 가지를 내포하고는 있지만 '진짜 친구'가 가진 몇몇 중요한 속성을 갖추지 않았기 때문이다. 이러한 한계를 인지하고 저마다의 관계가 지닌 의미에 맞게 적정선에서 관계를 이어 나가는 것이 중요하다.

예를 들어 AI 로봇이 정말로 가장 친한 친구라도 되는 것처럼 정서적으로 의존하고 너무 많은 시간을 교류하며 지내지는 말아야 한다. 외로움을 달래겠다는 이유로 혹은 '친구가 있는 것 같은 느낌'을 갖기 위해 AI에 과도하게 의존하는 경향은 개인에게도 사회에도 장기적으로 위험할 수 있다. AI에 과도하게 의존하는 상호작용은 불편함을 최소화해주지만, 실제 인간관계가 요구하는 요소를 연습할 기회를 빼앗는다. 의견 충돌이 일어나지 않고, 다가가는 속도를 맞출 필요도 없다. 어색한 관계의 시기도 없으며, 서로 넘지 말아야 할 선을 확인할 필요조차 없으니 타인과 나를 맞춰가는 단계가 사라진다.

인간 친구는 각자 가치관과 취향이 있고, 내 말에 언제나 동의해주지도 않는다. "짜장면 먹을래? 짬뽕 먹을래?" 같은 사소한 신호에도 취향이 갈리고, 그 차이를 견디고 조율하는 과정에서 관계 기술이 자란다. 반면 나에게 맞춰주는 대화에만 익숙해지면 현실의 관계가 건네는 미세한 마찰을 견디는 힘이 약해진다. 결국 외로움을 완화해주는 깊은 우정을 맺는 능력 자체가 퇴화할 수 있다.

물론 외로운 사람이 자신의 이야기를 정리하고 말하기 연습을 하며 '사람과 어떻게 대화하고 무엇을 묻고 들을 것인가'를 모의해보는 일은 분명 도움이 된다. 다만 그 연습은 어디까지나 사람에게로 가는 길잡이여야 한다.

실제 친구와의 대화는 즉시 보상이나 완벽한 이해를 약속하지 않는다. 때로는 답이 늦고, 오해가 생기고, 수정과 사과가 필요하다. 우리는 바로 그 불편함을 감당하는 법을 배워야 한다. 그 불편함 속에서만 서로의 차이를 인식하고 타인의 마음을 진짜로 배울 수 있기 때문이다. AI와의 대화나 모의 대화에서는 그런 시행착오가 생기지 않기에, 관계의 깊이도 함께 자라날 수 없다. 그것이 타인을 수단이 아니라 목적으로 대하는 존중이며 친밀함이 자라나는 토양이다.

반려동물을 가족이나 친구와 동일시하며 대하는 태도 역시 주의가 필요하다. 의인화는 정서적 위안을 줄 수는 있지만 과도할 경우 문제가 생긴다. 그 관계가 실제 인간관계와 달리 자율성, 책임, 권위의 관점에서 비대칭적인 관계라는 점을 흐리게 만드는 것이다. '아이처럼' 돌보고 '친구처럼' 지낸다는 표현이 정서의 크기를 말하는 데 무리가 없다고 해서 그 말이 관계의 성격까지 바꾸지는 않는다. 반려동물은 소중한 존재지만, 인간과 인간 사이에서 성립하는 상호성이나 의사소통을 대체할 수는 없다.

또 한 가지 염두에 둘 점은 사회적 맥락이다. 요즘에는 아이 대신 개를 태우고 다니는 '개모차'가 많이 눈에 띄기도 한다. 그런데 요즘에는 자신의 반려동물을 너무 아끼는 나머지 다른 사람의 '아이'에 상응하는 존재로 표현하기도 한다. 가령 어떤 사람이 자기 아이가 편식을 해서 고민이라고 할 때 "저도 우리 강아지가 사료를 잘 안 먹어서 걱정이에요."라는 식으로 표현하면 동물과 자신의 아이를 동등한 지위에 놓고 생각하는 인상을 주어 본의 아니게 실례를 범하게 될 수도 있다.

그런 점에서 일상에서 반려동물을 '아이'에 빗대는 표현이 잦아질수록 의도와 달리 실제 아이를 양육을 하는 이들에게 은근한 무례로 받아들여질 수 있다. 반려의 소중함을 드러내되, 타인의 삶과 고유한 돌봄 경험을 비교 대상으로 삼지 않는 언어와 태도가 필요하다. 반려와의 유대는 존중받아야 할 귀한 관계지만, 그것이 사람과 사람 사이에서만 가능한 상호 존중과 교류를 대체할 수는 없는 것이다.

이처럼 로봇이나 반려동물들의 관계가 인간과의 우정을 닮았다고 해도 그 차이를 분명히 인식하고 그에 걸맞은 태도를 취해야 한다. 닮음에 속아 다름을 놓치게 되면 건강하고 진실한 관계를 맺는 데 방해가 될 수 있다. 로봇이나 동물과 점점 더 가까운 사이로 살아가고 있는 우리 현대인들이 특히 기억해야 할 문제다.

좋은 사이는 저절로 만들어지지 않는다

나는 너에게, 너는 나에게 좋은 친구일까

지금까지 친구가 될 수 있는 존재의 범위와 유형에 대해 알아보았다. 이쯤에서 궁금해진다. 안정적으로 사회적 관계를 유지해온 친구라면 모두 똑같은 우정이라고 할 수 있을까? 그렇지 않다. 친구라고 다 같은 친구는 아니다.

각자 자신의 친구들을 떠올려보자. 어려울 때마다 나를 일으켜주는 가장 친한 친구, 학창 시절 같은 반이었지만 친하다기에는 애매한 친구, 심지어 없느니만 못하다고 느껴지는 '웬수' 같은 친구 등 다양한 이들이 떠오를 것이다. 이렇듯 우리가 '친구'라고 부르는 사람들이 모두 같은 관계는 아니다. 친구 중에서도 유독 탁월한 친구, 즉 진짜 '친구다운' 친구가 있다.

많은 사람이 친구는 그냥 저절로 되는 것이라 생각한다. 같은 반에서 수업을 듣고, 자주 얘기하다 보면 친구가 된다고 여긴다. 하지만 적어도 좋은 친구는 저절로 되지 않는다. 좋은 예술가가 되는 길이 그렇듯 좋은 친구가 되기 위해서도 경험과 기술과 능력이 필요하다. 한마디로 우정도 '실력'인 것이다. 이처럼 좋은 친구가 갖추고 있는 성품을 두고 우리는 '우정의 덕목 virtue of friendship'이라 부를 수 있다.

이와 관련해 아리스토텔레스는 이렇게 말했다. "우정 philia은 일종의 덕목 arete이거나, 덕목을 수반하는 것이다." 즉, 흔한 통념과 달리 우정은 단순히 사적인 영역에 한정되거나 저절로 생겨나는 것이 아니라 인생을 두고 열심히 갈고 닦아야 하는 덕목인 것이다.

결국 좋은 친구가 되는 것은 중요한 '윤리적' 문제가 된다. 그런데 이렇게 말하면 의아해하는 사람이 많다. 우정이란 윤리와 상관없이 지극히 사적인 영역이 아니었던가. 하지만 윤리가 좁은 의미의 옳고 그름이나 정의의 문제에 관한 것만이 아니라 넓게 보아서 '좋은 삶'을 사는 법에 대한 것이라면 우정은 분명 중요한 윤리의 문제다. 삼강오륜에 친구 사이에는 신뢰가 있어야 한다는 '붕우유신朋友有信'이 중요한 강령으로 포함된 것만 보아도 알 수 있다.

게다가 윤리는 모든 인간관계에 결정적인 영향을 미칠 뿐더러 관계의 지속성에도 아주 중요한 역할을 한다. 특히 서로의 생애주기 전반에 지대한 영향을 미치는 중요한 존재이므로 윤리적 인식과 실천이 전제되어야 한다. 즉, 친구와 좋은 사이를 유지하는 것은 나의 행복과 번영에 큰 영향을 미친다. 내가 누군가에게 좋은 친구가 되면 나 자신뿐 아니라 상대도 행복해질 가능성이 커진다.

또한 누군가에게 좋은 친구가 되는 것은 정직하고 선의를 베푸는 것처럼 고귀하고 칭찬할 만한 탁월성에 해당한다. 그뿐 아니라 도덕의 발달 관점에서 보았을 때 우정을 통해 배운 태도를 다른 인간관계로 확장하는 것이 곧 도덕의 출발점이 된다. 이처럼 우정과 도덕은 밀접한 관계다.

이처럼 친구는 우리 삶에 좋은 친구를 두는 것도 그에게 좋은 친구가 되는 것도 좋은 삶을 이루는 중요한 요소가 된다. 그럼 한번 떠올려보자. 나는 왜 그 친구를 좋은 친구라고 생각하는가? 나는 과연 그 친구에게 좋은 친구인가? 좋은 친구가 되기 위해서는 무엇이 필요한가? 이런 질문들에 답하기 위해서 우리는 먼저 이렇게 물어야 한다. "우정의 덕목'이란 과연 무엇이며 어떤 특징을 갖고 있는가?"

여러 종류의 우정이 있지만, 진정 바람직한 친구 관계는 각자가 서로에 대해 우정의 덕목을 지닐 때 비로소 가능하다. 우선 여기서 말하는 우정의 덕목은 단순한 친근함이나 사교성과는 다르다는 점을 짚고 넘어가야 하겠다.

우정의 덕목을 말할 때 흔히 '파워 E', 즉 매우 외향적이고 어디서든 거리낌 없이 말을 걸고 잘 어울리는 성향을 떠올릴 수 있지만, 그것은 사실 친화력이나 사교성에 가깝다. 그건 친구를 쉽게 만드는 성향일 뿐 우정의 덕목과는 결이 다르다. 우정의 덕목은 이미 존재하는 친구와의 관계 속에서 그 상대에게 좋은 친구이게 하는 성품이다. 그래서 특정한 관계 속에서만 드러나고 그 속에서 특별한 힘을 발휘한다.

이 덕목은 책 속의 일반적 이론으로만 존재하지 않는다. 실제 관계 속에서 서로를 어떻게 대하고 배려하느냐에 따라 드러난다. 그래서 친구 관계의 바람직함은 각자가 서로에게 얼마나 우정의 덕목을 발휘하느냐에 따라 달라진다.

우정의 덕목처럼 특정한 친밀한 관계 속에서 바람직한 구성원이 되기 위해 갖춰야 할 덕목을 '관계적 덕목relational virtue'이라고 부른다.

'친구다움'의 세 가지 특징

정리하자면 우정의 덕목은 '친구다움,' 즉, 좋은 친구로서 가져야 할 성품을 말한다. 친구다운 친구는 친구로서 적절한 생각과 행동을 안정적으로 보여준다. 가령 이런 덕목을 결여하면 친구가 상을 당해도 예매했던 영화 관람을 우선시할 수 있다. "야, 미안한데 너무 보고 싶던 영화라 이것만 보고 내일 시간될 때 들를게."와 같은 말로 상처를 주고, 친구의 슬픔을 진심으로 나누지 않을 것이다.

반면 좋은 친구라면 친구가 상을 당했을 때 만사를 제치고 달려간다. 어떻게 하면 도움이 될지 현명하게 생각하고, 또 친구의 슬픔에 진심으로 공감하고 위로의 마음을 느낄 것이다. 이처럼 친구 관계는 각자가 서로에 대해 우정의 덕목을 지니고 발휘하는 정도만큼 바람직하다고 할 수 있다. 우정의 덕목이 어떤 성격을 지니고 있는지를 이해하기 위해 우선 관계적 덕목이 갖고 있는 다음 세 가지 특징들을 살펴 볼 필요가 있다.

- **특수성**
- **특별성**
- **의존성**

첫째, 특수성particularity이다. 우정의 덕목은 나의 친구인 바로 그 특정한 사람에게 고정되어 성립되는 덕목이라고 할 수 있다. 만약에 누군가에게 "너는 좋은 친구니?"라고 묻는다면 그 사람은 "누구한테 말이야?"라고 반문할 것이다. 이처럼 우정의 덕목은 친구 관계에 있는 특정한 개인에 관련해서만 그 의미가 있다. 그래서 같은 사람이 누군가에게는 좋은 친구이지만 다른 누군가에게는 좋은 친구가 아닐 수도 있다.

이를테면 미우라는 친구와는 독서 모임과 농구 클럽도 함께하며 깊은 대화를 나누는 좋은 친구일 수 있지만, 윤슬이라는 친구와는 취향이 다르고 성격이 안 맞아 그리 좋은 친구가 아닐 수 있다. 또 모르는 사람인 하린과는 아예 친구 관계가 아니므로 우정의 덕목을 논할 수조차 없다. "나는 좋은 친구다."라고 말하려면 반드시 '누구에게' 좋은 친구인가를 묻는지 명확히 해야 한다. 친구 간에 주고받는 적절한 도움이나 교류 등도 그들 각각의 성향, 욕구, 능력이나 서로 간의 기대와 관계 등에 따라 달라질 수 있다.

둘째, 특별성 specialness이다. 친구를 대하는 태도는 각별해야 한다. 처음 보는 사람보다 우선시하고 남들에게는 주지 않은 관심을 주는 태도가 요구된다. 낯선 사람에게는 느끼지 않는 특별한 애정을 보이기도 한다. 조세호가 안면이 없는 안재욱 결혼식에는 가지 않아도 친한 친구 결혼식에는 반드시 가는 이유도 바로 특별성 때문이다. 친구와 낯선 사람이 동시에 물에 빠졌을 때 고민하지 않고 친구를 먼저 구하려 뛰어드는 태도도 마찬가지로 이해할 수 있다.

셋째, 의존성 dependency이다. 나 혼자만 좋은 친구라 해서 바람직한 우정 관계가 성립하지는 않는다. 상대방도 나에게 좋은 친구여야 비로소 완성된다. 그래야만 그 관계가 건강하고 이상적인 친구 관계로 자라날 수 있다. 따라서 우정의 덕목은 언제나 상호적이며, 좋은 관계를 만들기 위해서는 서로의 관계적 덕목에 의존하게 되는 것이다.

이처럼 친구라고 다 같은 친구가 아니다. 좋은 친구도

있고 나쁜 친구도 있다. 좋은 친구가 되려면 우정의 덕목이 필요하며, 이 덕목은 성격처럼 개인 안에 독립적으로 존재하지 않는다. 가령 친절, 정직, 배려 등의 덕목을 가졌다고 해서 곧장 좋은 친구가 되는 것은 아니라는 뜻이다. 특정한 관계 속에서 그 상대에게 좋은 친구일 때 우정의 덕목을 가졌다고 말할 수 있다.

결국 친구끼리 서로 우정의 덕목을 지니고, 그것을 바탕으로 서로를 사랑으로 대할 때 그 관계는 바람직하고 이상적인 우정이 된다. 그렇다면 어떤 사람을 두고 우리는 '좋은 친구'라고 부르는가? 앞서 말했듯 이 물음에 완벽하게 답하기 위해서는 친구 관계에 있는 특정한 개인들을 파악하고 그들 간의 합과 결을 살펴야 한다. 물론 그 모든 걸 다 살펴볼 수는 없다. 그럼에도 '좋은 친구'들이 대체로 공유하고 있는 특징을 몇 가지 생각해볼 수는 있다.

우선 그런 친구는 신뢰할 수 있고 상대를 한 인격체로 존중하며 상대가 잘 되는 걸 자기 일처럼 기뻐하고 독립적 관계를 유지할 것이다. 보다 선명하게 이해하기 위해 먼저 다양한 유형의 '나쁜 친구'를 살펴보자. 무엇이 결핍되면 우정이 무너지고 어떤 태도가 관계를 망치는지 알면, 거꾸로 좋은 친구가 되기 위해 무엇을 갖춰야 하는지도 분명해지기 때문이다.

한 가지 짚고 넘어갈 것이 있다. 여기서 말하는 '나쁜 친구'란 '친구'라 불릴 최소한의 우정의 요소는 지니고 있지만 그것을 충분히 갖추지 못한 관계를 뜻한다. 그런 의미에서 나쁜 친구의 '나쁨'에는 정도의 차이가 있을 수 있으며, 그 정도가 지나치면 나쁜 친구를 넘어 더 이상 친구라 부를 수 없는 관계가 되기도 한다.

예를 들어 친구를 좋아하고 아끼기는 하지만, 자주 자신의 이익을 위한 수단으로 상대를 대하는 사람은 '나쁜 친구'라 할 수 있다. 그러나 상대를 아끼는 마음이 전혀 없고, 자신의 이익을 위해 거리낌 없이 상대에게 피해를 주는 사람이라면 그는 친구가 아니라 '적'에 가까울 것이다.

'날씨 좋을 때'만 곁에 있는 사람?

톨스토이는 다음의 유명한 문장으로 『안나 카레니나』를 시작한다. "행복한 가정은 모두 모습이 비슷하지만, 불행한 가정은 모두 저마다의 이유로 불행하다." '좋은 예'의 유형은 비교적 유사하지만 '나쁜 예'의 유형은 매우 다양하다는 의미다. 우정의 경우도 마찬가지다.

불행한 가정이 다양한 방식으로 무너지는 것처럼 나쁜 우정 또한 여러 유형과 모습으로 나타난다. 따라서 나쁜 친구의 다양한 유형을 구체적으로 이해하는 것은 단순히 피해야 할 대상을 아는 데 그치지 않고, 어떤 점을 개선해야 진짜 좋은 친구가 되는지까지 알려주는 길잡이가 된다. 나쁜 친구의 유형은 크게 다음 세 가지로 구분해볼 수 있다.

- **신뢰할 수 없는 친구**
- **친구를 수단이나 도구로만 보는 친구**
- **경쟁심이 지나친 친구**
- **지나치게 지배하거나 의존하는 친구**

첫 번째 유형: 신뢰할 수 없는 친구

신뢰는 모든 관계의 토대다. 신뢰가 없으면 그 어떤 관계도 오래갈 수 없다. 언제 내 뒤통수를 칠지 모르는 사람과는 연인도, 친구도, 사업 파트너도 될 수 없다. 특히 깊은 마음으로 서로에게 털어놓고 의지하는 친구 관계에서는 신뢰가 핵심이기에 더욱 중요하다.

겉으로는 누구나 친구처럼 지낼 수 있다. 모든 일이 순조로울 때는 만나서 재미있게 놀고, 게임을 하거나 맛있는 것을 먹으며 함께 시간을 보내며 친구라 부른다. 겉으로 보기에는 화기애애한 순간 속에서 누구나 친구처럼 보이게 마련이다.

그러나 순조롭고 즐거운 시간에 나누는 모습만으로는 진짜 친구를 구분할 수 없다. 진짜 우정은 어둠 속에서 빛난다. 위기 앞에서는 평소의 말과 태도가 시험대에 오른다. 그때 비로소 누가 곁에 남아 있는지가 드러난다. 중국 시인 이태백도 같은 의미로 이렇게 말했다. "고난과 불행이 찾아올 때 비로소 친구가 친구임을 안다."

그렇다면 우리가 떠올리는 친구들 중 고난이 닥쳤을 때 발 벗고 나서서 도와줄 사람이 몇이나 될까? 조금만 불리해도 도망가고, 자기 손해가 될 것 같으면 연락을 끊어버리는 사람이라면 그는 진정한 친구가 아니다. 영어에서는 이런 이를 가리켜 'fair-weather friend', 즉 '날씨 좋을 때만 곁에 머무는 친구'라고 부른다. 궂은 날씨에도 곁에서 함께 우산을 들어줄 수 있는 사람이 친구다.

잘나가는 순간에는 옥석을 가리기 어렵다. 인기와 돈, 매력이 모두 사라진 뒤에도 나를 있는 그대로 받아주고 곁을 지켜주는 사람이 진짜 친구다. 친한 척하며 곁에 있다가 기회가 사라지면 뒤도 안 돌아보고 떠나버리는 경우도 적지 않다. 반대로 어려울 때는 무시하다가 유명해지고 나서야 친한 척하며 연락해오는 지인들의 진심도 온전히 믿기 어렵다. 진정 순수한 우정은 부나 명성에 따라 갈대처럼 흔들리지 않고 소나무처럼 변함없이 곁에 서 있어주는 것이기 때문이다.

다수에게 인기가 많은 것이 곧 진정한 친구가 많은 걸 의미하지는 않는다. 아인슈타인도 이렇게 말했다. "이렇게 세계적으로 알려져 있으면서도 이토록 외롭다는 것은 참으로 이상한 일이다." 가수 지드래곤 역시 수만 명 앞에서 화려한 콘서트를 마치고 대기실로 돌아오면 오히려 그 대비가 사무치는 외로움을 느끼게 한다고 토로한 바 있다. 발이 넓은 사람 또한 그 많은 사람과의 관계가 모두 충분히 의미있는지 되돌아 볼 필요가 있다. 우리 인생에 필요한 것은 '좋은 친구'이지 언제든 돌아설 수 있는 얄팍한 관계가 아니기 때문이다.

결국 신뢰를 끝까지 지켜주는 친구만이 친구라 할 수 있다. 반대로 신뢰를 저버리고 상황에 따라 달라지는 친구는 아무리 겉으로 친해 보여도 진정한 친구가 될 수 없다. 우정은 오직 신뢰라는 굳건한 바위 위에서만 세워질 수 있는 성채이기 때문이다.

두 번째 유형: 친구를 수단이나 도구로만 보는 사람

아리스토텔레스도 말했듯 이익이나 쾌락만을 목적으로 맺는 우정은 오래가지 못한다. 나에게 더 이상 이익이 되지 않거나 즐거움을 주지 않게 되었을 때 관계는 바로 끊어지기 때문이다. 이런 태도는 친구의 안녕이나 행복에는 관심이 없다는 뜻이다. 상대의 자유와 선택을 존중하기보다 자신의 필요와 욕구를 채우기 위해 친구를 이용하는 것이다.

예컨대 평소에는 거의 연락이 없다가 돈이 필요할 때만 찾아와 친한 척하거나 힘들 때만 전화를 걸어 하소연 상대로 삼는 경우가 그렇다. 그런 사람은 정작 친구가 어려움을 겪을 때는 "나도 요즘 바빠"라며 외면하기도 한다. 친구와 자신을 비교하여 은근한 우월감을 느끼기 위해 일부러 자기보다 못한 친구와 어울리는 사람도 있다. 때로는 친구를 자신의 사회적 자산으로 삼기도 한다. SNS에 자신을 과시하기 위해 친구가 못나게 나온 사진을 동의 없이 함부로 올리거나, 대화 속에서 친구의 사적인 이야기를 흥미거리로 소비하는 경우도 있다. 이런 행동은 겉보기에는 친근해 보여도 사실상 친구를 하나의 도구로 소비하는 태도다.

진정한 친구라면 나에게 주어지는 이익이나 즐거움과 상관없이 상대의 입장을 존중하고 지지할 수 있어야 한다. 칸트가 말했듯 우리는 결코 타인을 '수단으로만' 대하지 말아야 한다. 친구 역시 우리처럼 스스로 목적을 세우고 추구하는 자율적 존재이기에 그의 삶과 선택을 존중해야 하며 내 필요를 위해 함부로 넘나들지 않는 것이 곧 우정의 윤리다. 따라서 친구를 자신의 이익을 위한 도구로만 대하는 태도는 나쁜 우정의 전형적 모습이라 할 수 있다.

세 번째 유형: 경쟁심이 지나친 친구

친구는 서로 응원하고 지지하는 존재다. 그러나 가까운 위치에 있다 보니 선의의 경쟁이 발생하고 때로는 라이벌 의식이 생기기도 한다. 문제는 이 경쟁심이 지나칠 때다. 친구의 성공을 축하하는 마음이 곧 열등감으로 변하고, 응원이 시기로 바뀌기 쉽다.

　아마 누구나 이런 경험을 해봤을 것이다. 회사에 함께 입사한 동료가 먼저 승진하면 겉으로는 축하의 말을 건네면서도 마음은 왠지 씁쓸하다. '이 친구는 벌써 이렇게 잘 나가는데 동기인 나는 한심하게 뭐 하고 있는 거지' 하는 자괴감이 밀려온다. 공부를 잘하는 친구를 볼 때도 비슷한 감정을 느낀다. 처음에는 진심으로 응원하다가도 시간이 지나면 어느새 나 자신과 비교하며 위축되는 마음이 고개를 든다. 이런 감정은 부끄러운 것이 아니라 인간이라면 자연스럽게 겪는 심리다. 중요한 것은 그 마음을 어떻게 다루느냐다.

　SNS는 이런 감정을 더욱 부추긴다. 사람들은 감추고 싶은 것은 숨기고, 자랑하고 싶은 것만 올린다. 특히 취업 소식, 승진 발표, 해외여행 사진 같은 '성공의 순간들'이 타임라인을 가득 채운다. 남의 화려한 모습만 계속 보다 보면 내 현실이 더 초라해 보이고 비교와 질투가 심해진다.

　더욱 문제가 되는 것은 이런 감정은 대놓고 드러내기도 어렵다는 점이다. 좋은 친구라면 당연히 축하해야 한다는 압박감 때문에 속마음을 솔직히 표현하지 못하고, 혼자 마음을 삭이며 괴로워한다. 잘나가는 친구와 초라한 나를 비교하는 열등감에 더해 친구를 진심으로 축하해주지 못하는 자신의 속 좁음에 자괴감은 두 배가 되기도 한다.

이럴 때 우리는 자신을 돌아보게 된다. '나는 좋은 친구인가, 아니면 질투만 하는 친구인가?' '내가 진심으로 축하하고 있는 건가, 아니면 그저 예의상 하는 말인가?' 사실 축하는 하지만 부럽고 질투도 나는 이런 복잡한 감정은 우정 속에서 흔히 일어나는 자연스러운 현상이다. 친구는 대개 나와 비슷한 위치와 상황에 있기 때문에 비교 대상이 되기 쉽고, 그들의 성공은 상대적으로 내 현실을 더 선명하게 드러내기 때문이다.

이를 두고 오스카 와일드는 이렇게 말했다. "친구가 괴로울 때 동정하는 것은 누구나 할 수 있지만, 친구의 성공을 진심으로 축하하려면 훌륭한 인격이 필요하다." 이 말은 우리가 앞서 살펴본 복잡한 감정을 놀라운 통찰력으로 짚어낸다.

친구의 슬픔에는 쉽게 공감할 수 있지만, 친구의 성공 앞에서는 내 마음의 그늘이 드러나기 쉽다. 열등감을 느끼기도 하고, 심한 경우 괜스레 잘나가는 친구를 시기하기도 한다. 우정은 본질적으로 동등함을 전제로 한다. 그러나 우월감이나 열등감이 지나치면 균형이 깨지고, 결국 우정은 오래가기 어렵다. 성공한 친구를 시기하지 않는 일은 어쩌면 성공 자체보다도 더 어려운 일일지도 모른다.

그렇다면 이런 딜레마를 어떻게 해결할 수 있을까? 시각을 바꿀 필요가 있다. 운 좋게도 잘난 친구들을 두었다면 그들에게 '지지 않도록'이 아니라 '부끄럽지 않도록' 열심히 살면 된다. 열심히 하고 지는 건 부끄러운 일이 아니다. 친구에게 지지 않는 것을 목표로 삼으면 자신의 발전보다 친구와의 상대적 위치에 더 신경을 쓰게 되어 부러움과 시기로 이어질 위험이 있다. 그러면 친구가 잘못되어 내가 이기게 되더라도 진정한 만족을 느끼기 어렵다.

반면 친구에게 부끄럽지 않을 것을 목표로 한다면, 친구 앞에서 당당할 수 있도록 자신이 서 있는 자리에서 최선을 다하게 된다. 그리고 최선을 다하고 지는 건 결코 부끄러운 일이 아니다. 이런 태도로 살다 보면 나 역시 성장하고, 친구의 성공도 기꺼이 축하할 수 있다. 이 태도는 질투와 비교 심리의 굴레에서 벗어나게 해줄 뿐 아니라 친구를 건강한 동기 부여의 원천으로 바꿔준다.

네 번째 유형: 지나치게 지배하거나 지나치게 의존하는 친구

우정은 수평적이고 상호적인 관계다. 그런데 이 균형이 깨지면 건강한 우정을 유지하기 어렵다. 먼저 지배적인 친구의 경우를 보자. 한쪽이 다른 쪽을 아래 사람 다루듯 대하며 지나치게 간섭하고 통제한다면, 그것은 이미 우정이 아니다. 조언은 가능하지만 훈계와 간섭은 우정을 해치는 독이 된다. "너는 그렇게 살면 안 돼." "내가 해봤는데 그건 틀렸어." 같은 식의 일방적 지시는 친구 관계가 아닌 상하 관계에서나 있을 법한 일이다.

반대로 과도하게 의존하는 것도 문제다. 예를 들어 친구 사이에 경제적 차이가 있을 수 있다. 한쪽이 자주 밥을 사는 것 자체는 문제가 되지 않는다. 그러나 형편이 나아졌는데도 계속 얻어먹기만 하면서 친구의 호의를 당연하게 여긴다면 그것은 의존 관계에 불과하다.

더 흥미로운 사례도 있다. 브라질의 유명한 축구선수인 네이마르는 고향 친구들을 고액의 월급을 주고 '고용'해 함께 살고 있다고 한다. 네이마르를 위한 이들의 업무는 네 가지다. 함께 파티하기, 수다 떨기, 여행하기, 스트레스 풀어주기. 이를 다룬 기사에는 '우정과 컨디션을 챙길 수 있는

가성비(?) 좋은 전략'이라는 제목이 붙기도 했다. 많은 사람이 부러워하며 '친구들은 무슨 복이냐'라는 반응을 보이기도 했다.

이 이야기를 접하며 의문이 들었다. 과연 이것이 건강한 친구 관계일까? 사실상 고용주와 직원 관계로 변질된 것이 아닌가? 과연 고용된 친구들은 의견이 안 맞을 때 네이마르의 심기를 거스르는 말을 꺼낼 수나 있을까? 아마도 직장이 걸려 있는 일이라 웬만한 용기로는 어려울 것이다.

우정은 동등성을 잃을 때 무너진다. 지배와 의존의 불균형이 계속되면 결국 나쁜 친구 관계로 전락하고 만다. 진정한 우정은 서로가 독립적인 존재로서 만나야 가능하기 때문이다. 만약 친구들이 네이마르를 '돈줄'로 생각해서 애정 어린 쓴소리 한마디조차 못 하고 의존하기 시작한다면 좋은 친구라고 하기는 어려울 것이다.

지금까지 살펴봤듯 나쁜 친구의 유형은 다양하다. 신뢰를 저버리는 친구, 상대를 수단으로만 보는 친구, 지나친 경쟁심에 사로잡힌 친구, 지배하거나 의존만 하는 친구. 그런데 이 작업은 단순히 주변 사람을 분류하기 위한 것이 아니다. 더 중요한 것은 '나에게는 과연 나쁜 친구의 속성으로 불리는 모습이 없을까?' 하고 스스로 돌아보는 일이다. 남을 바꾸는 일은 어렵다. 그러나 내가 먼저 좋은 친구가 되려는 노력은 할 수 있다. 내가 변하면 상대도 더 좋은 친구가 되고 싶다는 마음이 생길 가능성이 높아진다.

따라서 나쁜 친구 유형을 아는 목적은 단순히 타인을 재단하는 데 있지 않고, 자기 자신을 돌아보며 더 좋은 친구로 성장하는 데 있다. 우정은 결국 서로를 향한 끊임없는 배려와 성장의 과정이기 때문이다.

있는 그대로의 나를
받아주는 '사이의 철학'

함께여서 좋은 관계를 위해 알아야 할 것들

우리가 어떻게 하면 좋은 친구 관계를 만들 수 있을까? 크게 두 단계로 나누어 생각해볼 수 있다. 첫째는 친구를 만드는 단계이고, 둘째는 이미 친구가 된 관계에서 더 좋은 친구가 되는 단계다.

먼저 새로 친구를 사귀는 단계에서 생각해 볼 방법은 다음의 네 가지 정도로 요약해볼 수 있다.

- 사람을 보는 눈을 길러야 한다
- 역지사지의 습관이 필요하다
- 친화력과 사회성을 길러야 한다

• **자신의 영역을 기꺼이 공유하려는 태도가 필요하다**

첫째, 사람을 보는 눈을 길러야 한다. 친구를 만들 때부터 사람을 보는 안목이 필요하다. 예로부터 "까마귀 노는 곳에 백로야 가지 마라."라는 말이 있듯 누구와 어울리느냐는 그만큼 중요하다. 부모가 자녀를 보며 '우리 애가 어떤 친구랑 노는가'를 살피는 것도 같은 이유다. 만약 그 친구를 만난 후 늘 게임만 하거나 욕을 배우고, 친구의 건전하지 않은 행동을 따라 한다면 걱정이 될 수밖에 없다.

좋은 친구가 되려면 마치 좋은 조각가가 좋은 목재를 고르듯, 처음부터 괜찮은 사람과 친구가 되어야 한다. 처음부터 완벽한 친구는 없어도 나와 '좋은 친구가 될 만한 사람'은 있다. 물론 누구에게나 존중과 친절로 대하는 태도는 필요하지만, 험하고 배려심이 없으며 말도 함부로 하는 사람과 가까워진다면 서로에게 나쁜 영향을 주고받게 될 수밖에 없다. 그렇게 되면 좋은 친구가 되기도, 더 나은 관계로 발전하기도 어렵다. 따라서 처음부터 사람 보는 눈을 기르고, 좋은 사람과 친구가 되려는 태도를 가져야 한다. 명심보감도 "열매를 맺지 않는 꽃은 심지 말고, 의리가 없는 친구는 사귀지 말라."고 가르친다.

둘째, 역지사지의 습관이 필요하다. 즉 상대의 입장에 자신을 두어 생각하는 습관이다. 이것은 친구 관계뿐 아니라 모든 인간관계에서 중요한 덕목이다. 아직 친구가 없는 상황이라도 '내가 저 상황이라면 어떤 기분일까?' 하고 자꾸 물어보는 연습이 필요하다. 그런 태도를 갖추면 나중에 친구가 생겼을 때도 자연스럽게 상대의 마음을 이해하고 챙길 수 있다. 예를 들어, 친구가 큰 이유 없이 약속을 취소했을 때 '날 무시하는 건가?'라고 단정하기보다 '혹시 요즘 피곤하거나 마음이 힘든 건 아닐까?' 하고 한 번쯤 생각해보는 것이다. 또 상대의 말투가 차갑게 느껴졌을 때 바로 서운해하기보다, '혹시 나 말고 다른 일로 스트레스를 받는 중일지도 몰라' 하고 넓게 보는 습관을 갖는 것도 역지사지다.

이처럼 잠시 멈춰 상대의 마음을 상상해보는 태도는 단순한 예의가 아니라 타인을 있는 그대로 이해하려는 관계의 지혜다. 그런 태도를 평소에 길러두면, 나중에 친구가 생겼을 때도 자연스럽게 상대의 감정을 살피고 챙길 수 있다. 누군가를 아낀다는 것은 결국 '그 사람의 눈으로 세상을 바라보는 것'이니까.

셋째, 친화력과 사회성을 길러야 한다. 예로부터 "가는 말이 고와야 오는 말이 곱다."라는 말이 있다. 평소에 어떤 태도와 말투를 쓰느냐가 곧 관계를 만든다. 상대의 기분을 배려하는 말과 행동, 남을 존중하는 태도는 결국 친구 관계에서도 큰 힘을 발휘한다. 온화한 표정과 부드러운 말투로 사람을 대하는 사람에게는 친구가 되려 다가오는 사람이 많지만, 늘 화난 표정과 예민한 말투로 대하는 사람은 주위에서 피해가게 마련이다.

친화력과 사회성은 타고나는 것만이 아니다. 상대의 마음을 헤아리고 다가가려는 연습으로도 길러질 수 있다. 좋은 친구를 사귀고 싶다면 내가 먼저 상대의 마음을 읽고 다가가려는 태도를 지니는 것이 그 출발점이다. 평소에 말투와 행동을 부드럽게 다듬고, 배려하는 태도를 익혀두는 것이 중요하다.

친한 친구도 처음에는 낯선 사람이었고, 처음 이야기를 나눴던 시작점이 있었을 것이다. 모르는 사람을 대할 때 지나치게 주저하거나 수줍어하면 좋은 사람과 친구가 될 기회를 애초에 놓칠 수도 있다. 낯선 사람에게도 스스럼없이 말을 걸고 사이의 물꼬를 틀 수 있는 친화력과 사회성을 갖추고, 혹은 그게 어렵다면 적어도 적절한 정도의 '사회적 무딤'을 길러야 우정의 씨앗을 심을 수 있다.

넷째, 자신의 영역을 기꺼이 공유하려는 태도가 필요하다. 혼자만의 삶에 익숙한 사람은 자신의 모습을 드러내거나 가까이 두는 일을 어렵게 느끼기도 한다. 그러나 누군가와 가까워진다는 것은 결국 나만의 사적인 영역을 내어주는 일이다. 나만 알고 있던 비밀이나 약점을 털어놓기도 하고, 내가 아끼는 것을 함께 나누기도 해야 한다. 때로는 상대를 믿다가 상처받거나 배신당할 위험도 감수해야 한다.

이런 용기와 과감함이 결국 좋은 친구를 만나는 자질이 된다. 자기 영역을 끝까지 지키며 위험을 피하려고만 한다면 진정한 친구를 만들기 어렵다. 친구란 서로 믿고 자신을 내어주는 가운데에서만 깊어지는 관계이기 때문이다. 누군가와 친구가 되고 싶다면, 혼자만의 삶을 영위하며 지켜지는 것보다 함께하지 못해 잃게 되는 것이 더 크다는 사실을 잊지 말아야 한다.

더 깊고 건강한 사이를 위한 4가지 방법

지금까지 친구가 아닌 사람과 새롭게 친구가 되는 단계를 살펴봤다. 즉 누군가와 만나 그와 좋은 친구가 될 준비 작업이라고 할 수 있다. 진정한 우정을 찾아 외로움에서 벗어나는 것이 내 뜻대로 되는 일은 아니다. 하지만 아무 노력을 하지 않아도 저절로 이루어지는 일은 더욱 아니다.

운이 따라야 '좋은 친구감'을 만날 수 있겠지만 노력 없이 좋은 친구를 만든 사람은 아무도 없다. 그렇다면 우정의 덕목을 길러 이미 친구인 상대에게 더욱 좋은 친구가 되기 위해서는 어떻게 해야 할까? 모두에게 들어맞는 정답은 없지만 일반적으로 도움이 될 수 있는 방법들을 생각해볼 수 있다. 다음의 네 가지 방법이 그것이다.

- 많은 활동의 공유
- 공감하는 대화법
- 갈등 대처
- 용서와 화해

먼저 많은 활동을 공유해야 한다. 진짜 친구가 되었을

때 그 관계를 더 깊게 만들려면 어떻게 해야 할까? 무엇보다 중요한 것은 많은 활동을 함께 공유하는 것이다. 모임에 참여하거나 협력 활동을 하는 과정에서 친구와 더 가까워진다. 작은 경험이라도 함께하는 순간이 쌓이면 서로를 더 잘 이해하게 되고 친근감이 깊어지는 효과가 있다.

개인적인 예를 들자면 나는 딸과 더 친해지기 위해 일부러 구청에서 주관한 '으뜸아빠 되기 프로그램'에 신청해 참여한 적이 있다. 또 매주 화요일을 데이트 날로 정해 함께 시간을 보내기도 했다. 그렇게 노력하니 공감대가 형성되고 좋은 기억이 차곡차곡 쌓였다. 그 결과 딸과 점점 더 가까워졌고 관계도 좋아졌다. 시간을 더 많이 함께 보낼수록 더 끈끈한 정이 많이 쌓일 뿐만 아니라 상대가 무엇을 원하는지, 상대를 위해 무엇을 해줄 수 있는지도 더 잘 알게 된다. 친구 관계도 마찬가지다. 공유된 활동이 많아질수록 우정은 더욱 단단해진다.

둘째, 공감하는 대화법이 필요하다. 공유 활동을 자주 하는 것도 중요하지만 그것만으로는 충분하지 않다. 적절한 대화법을 익히는 것 역시 좋은 친구가 되기 위한 핵심이다. 아끼는 마음만 있으면 된다고 생각하기 쉽지만, 표현

방식이 서툴면 오히려 오해를 불러일으킬 수 있다. 마음은 어차피 보이지 않기에 겉으로 드러나는 말과 행동으로 마음을 왜곡없이 전하는 능력이 필요한 것이다.

나이가 들어서도 여전히 대화를 어려워하는 사람들이 많이 있다. 마음은 따뜻하지만 표현이 서툴러 응원이 오히려 비난처럼 들리는 경우다. 이처럼 마음 못지않게 그것을 제대로 전달하는 기술, 즉 공감하는 대화법이 중요하다.

예를 들어 섣부른 충고보다 상대의 마음을 헤아려주는 말을 먼저 하는 것이 바람직하다. "내가 너라면 이렇게 했을 거야."보다는 "지금 네 입장에서는 그게 최선이었겠지."라는 말이 훨씬 따뜻하다. 좋은 친구는 해결책을 제시하기보다 함께 곁에 머무는 법을 안다.

또한 따뜻한 마음이 왜곡되어 전달되지 않도록 말하는 법을 익혀야 한다. 가령 "그만 좀 울어."라는 말은 상대가 눈물을 그쳤으면 하는 위로의 마음에서 나왔을지 몰라도 듣는 사람에겐 "너의 감정은 불편해."라는 무신경한 메시지로 다가갈 수 있다. 차라리 "그래, 실컷 울렴."이라고 말해주는 편이 낫다. 공감하는 대화는 내가 전하고 싶은 마음이 아니라 상대가 받아들이는 의미를 기준으로 삼는다.

셋째, 타인과의 충돌이나 갈등이 생겼을 때 적절히 대처하는 연습이 필요하다. 우리는 친구와 많은 시간을 함께하며 살기에 여러 이유로 갈등을 겪을 수 있다. 때로는 성격의 차이 때문일 수도 있고, 때로는 외적인 상황이나 피곤함, 스트레스 때문일 수도 있다.

갈등이 전혀 없는 관계는 오히려 의심스럽다. 평생 싸우지 않다가 한순간에 관계가 무너지는 경우도 있기 때문이다. 중요한 것은 갈등의 유무가 아니라, 갈등이 생겼을 때 그것을 어떻게 다루느냐다. 친구 사이의 다툼은 피할 수 없지만 그때의 반응이 관계의 깊이를 결정한다.

예를 들어 친구가 약속을 잊었을 때 바로 서운함을 드러내며 "넌 늘 그런 식이야."라고 말하기보다, "혹시 무슨 일 있었어?" 하고 한 번 물어보는 여유가 필요하다. 또 함께 진행하던 프로젝트에서 의견이 맞지 않아 다투게 되었을 때 감정에 휩쓸려 상대가 틀렸다는 증명을 하려 하기보다 "나는 이런 이유로 이렇게 생각해."라며 이성적인 접근을 먼저 하려 노력하는 것이 좋다. 혹은 감정이 너무 격해져서 대화가 어려울 때는 잠시 시간을 두었다가 편지나 메시지로 마음을 정리해 전하는 것도 하나의 방법이다.

다툼이 생기면 감정을 꽁꽁 묻어두는 대신, 서로의 마음을 이야기하며 해결책을 찾아갈 수 있어야 한다. 이 과정을 통해 관계는 오히려 더 단단해지고, 신뢰와 존중이 다시 확인된다. 어떤 사람은 큰 소리로 마음을 터놓고, 어떤 사람은 편지를 써서 진심을 전하기도 한다. 방식은 다르더라도 중요한 것은 서로의 마음을 확인하고 대화의 통로를 여는 일이다.

이런 이유 때문에 넷째, 적절한 용서와 화해의 방법을 익히는 일이 중요하다. 사람과 사람이 부대끼며 사는 데 갈등을 피할 수 없으니 그에 대한 면역력을 길러야 한다. 상처를 주고 받더라도 다시 회복하는 힘을 키워야 하는 것이다. 호의를 받으면 고맙다고 말하고 잘못했을 때는 미안하다고 말할 줄 아는 기본적인 태도가 있다면 인간관계는 크게 어긋나지 않는다.

친구 관계도 예외는 아니다. 작은 태도의 차이가 관계의 방향을 완전히 달라지게 한다는 점을 기억하자. 한쪽만 잘못하는 경우는 드물다. 때로는 상대가 더 잘못했더라도 내가 먼저 손을 내밀어 화해할 수 있어야 한다. 우정을 오래 지켜내는 힘은 바로 이런 태도에서 나온다.

요즘 초등학교에서는 단계별 사과법을 가르치는데 좋은 본보기라 할 수 있다. '인정 - 사과 - 약속(인사약)', '행동 - 감정 - 바람(행감바)'의 과정을 통해 "내가 이런 행동을 해서 네가 서운했을 거야. 앞으로는 이렇게 하겠다."라고 말하는 훈련이다. 단순히 '미안하다'는 말로 끝내지 않고 상대의 감정을 이해하며 구체적인 변화를 약속하는 것이 핵심이다. 어린 시절부터 이런 연습을 해두면 관계를 회복하는 힘이 자연스럽게 길러진다.

예를 들어 친구가 시험 기간에 계속 장난을 쳐서 집중을 방해했다면 "그때 내가 자꾸 말을 걸어서 네가 화가 났을 것 같아. 미안해. 다음에는 네가 공부할 때는 방해하지 않을게."라고 말하는 식이다. 이렇게 자신의 행동을 인정하고 상대의 감정을 짚어주는 말 한마디가 단순한 감정 표현을 '신뢰 회복의 언어'로 바꿔준다.

상대를 용서할 때에도 마찬가지이다. 상대가 잘못을 했을 때 화를 내거나 아무 말 없이 서운한 표정만 짓고 있어도 문제가 되지만 너무 쉽게 용서해줘도 문제가 된다. 가령 약속을 잊고 늦은 친구에게 화를 내거나 아무렇지도 않게 용서해주기 보다 이렇게 말해보자. "네가 자꾸 약속에 늦어서 내가 존중받지 못하는 것 같은 기분이 들어. 앞으로는 차가 막힐 가능성도 생각해서 미리 나와주면 참 좋겠어."

이런 습관은 성인이 되어서도 큰 도움이 된다. 갈등 상황에서도 관계를 쉽게 끊지 않고 지켜낼 수 있고 오히려 화해의 과정을 통해 우정이 더 깊어지기도 한다. 갈등은 피할 수 없을 때가 많지만 그 갈등을 다루는 방식은 우리가 선택할 수 있다. 그 선택이 관계의 질과 깊이를 결정한다. 우정이 익어가려면 미안한 일도 고마운 일도 서로 넉넉하게 나누어야 한다. 그래야 웬만한 일에는 미안할 게 없고 존재 자체가 고마운 진짜 친구가 되어간다.

지금까지 살펴본 '더 좋은 친구가 되는 방법'인 공유 활동, 공감하는 대화, 갈등 대처, 용서와 화해는 좋은 친구가 되기 위한 실제적 지침이다. 물론 그전에 나부터 앞서 말한 '나쁜 친구'가 되지 않기 위한 노력을 기울여야 한다.

우정은 결코 저절로 주어지지 않는다. 나와 잘 맞는 사람을 만나는 것도 중요하지만 더 중요한 것은 그 관계를 가꾸려는 꾸준한 태도다. 우정은 매일의 작은 선택과 행동 속에서 자란다. 함께 시간을 나누고 솔직하게 대화하며 갈등이 생기면 피하지 않고 풀어가는 과정에서 우정은 더욱 단단해진다.

    진정한 친구란 어려울 때 곁을 지켜주는 사람, 기쁠 때 함께 웃어주는 사람, 그리고 나를 더 나은 방향으로 이끌어주는 사람이다. 좋은 친구가 되고 싶다면 먼저 내가 그런 사람이 되려고 노력해야 한다. 서로 든든한 버팀목이 되고 서로의 행복을 키워주는 우정을 위해서는 의식적인 노력과 꾸준한 실천이 필요하다. 그런 작은 배려와 존중이 쌓여야만 진짜 우정이 완성된다.

Q 외로움과 우정, 사이의 철학 A

'너무 적게 가져도, 너무 많이 가져도 진정한 친구를 사귀기 어렵다'라는 설명이 있었다. 이와 같은 '우정의 역설'을 개인이 어떻게 극복할 수 있을까? 나아가 사회적 차원에서 어떤 장치가 필요할까?

너무 초라해져도 너무 가진 것이 많아도 진실한 친구를 찾기 어렵다. 본인이 먼저 상대의 부나 지위에 상관없이 순수하게 다가가는 태도를 보여야 한다. 나에게 다가오는 사람의 마음을 수동적으로 판단하거나 의심하기보다 내가 먼저 모범을 보이는 것이다. 그렇게 하면 상대도 호응해 순수한 마음을 열 가능성이 커진다.

사회적 차원에서는 '급이 맞아야 가까워질 수 있다'는 인식을 바꾸는 노력이 필요하다. 현실에서는 돈이나 명성의 정도가 다르면 서로 불편해 친구가 되기 어렵다고 여긴다. 결혼정보회사 같은 곳에서는 외모, 연봉, 학벌 등의 '스펙'에 점수를 매겨 비슷한 점수를 가진 사람들끼리 가까워지도록 유도하기도 한다. 이런 분위기가 바뀌려면 사회 전체가 다양한 관계 맺음을 장려하고, 계층과 배경을 초월한 만남의 장을 넓혀가야 한다.

학교에서는 학생들이 성적이나 진로 수준이 비슷한 친구들 하고만 사귀지 않도록, 서로 다른 배경을 지닌 학생들이 협력과 신뢰를 배울 수 있는 인성교육과 시민교육 프로그램이 확대될 필요도 있다. 직장에서는 이해관계 중심의 네트워킹이 아닌 서로의 삶을 나누는 교류 문화를 지원하는 조직문화 교육이 필요하다. 지역사회에서도 세대와 직업, 소득 수준이 다른 사람들이 함께 참여하는 공공 커뮤니티나 자원봉사 활동이 활성화되어야 한다.

언론과 문화 콘텐츠 역시 사람들을 '스펙'으로 구분하거나 비교하는 프레임에서 벗어나야 한다. 서로의 다름을 인정하고 신뢰를 쌓아가는 관계의 서사를 더 많이 보여줄 필요가 있다.

정부도 사회적 자본social capital을 높이는 정책을 추구할 필요가 있다. 예를 들어 사회적 혼합형 공공주거, 세대 통합 커뮤니티 센터, 관계 돌봄 지원 프로그램 등을 통해 사람들 간 접촉면을 넓히려는 노력이 필요하다.

이러한 노력이 이어질 때 사람들은 '비슷한 수준의 이익을 주고받는 사람끼리만 가까워질 수 있다'는 인식에서 벗어나게 된다. 나아가 서로 다른 사람들과도 신뢰와 우정을 나눌 수 있는 사회적 감수성을 회복하게 될 것이다. 그럴 때 비로소 우리는 관계의 격차가 아닌 마음의 깊이로 서로를 잇는 사회를 만들 수 있다.

요즘은 '네트워킹'이 중요한 시대라 친구와
비즈니스를 하며 관계가 뒤섞이는 경우도
많다. 이런 상황에서 우정과 이해관계의
경계를 어떻게 구별해야 할까?

같은 반 친구를 대하는 초등학생의 태도에는 때 묻지 않은 순수함이 있다. 그저 눈앞의 친구를 친구로만 대하기 때문이다. 그러나 '네트워킹'이 현실적으로 필요한 상황에서 관계의 순수함을 유지하는 일은 쉽지 않다. 우리는 때로 상대를 네트워킹의 수단처럼 대하고 있다는 생각이 들 때 자괴감을 느끼기도 한다.

나 역시 학회에서 평소 동경하던 유명한 학자에게 말을 걸려다가 그에게서 이익을 얻고자 하는 불순한 동기로 접근하는 것은 아닌가 하는 생각에 망설인 적이 있다. 스스로에게 '내가 저 사람에게 다가가는 이유가 혹시 그가 유명하거나 잘나서가 아닐까? 혹은 추천서라도 받을 수 있지 않을까 하는 기대감 때문은 아닐까?' 하는 의문이 들기도 했다.

하지만 그런 '불순함'이 섞여 있을 가능성이 있

다고 해서 내가 동경하던 사람과 말할 기회를 스스로 포기할 필요는 없다는 걸 깨달았다. 분명 그의 지적 훌륭함과 명성이 내가 다가가는 계기가 되었지만, 이익을 기대하지 않고 순수한 마음으로 대한다면 그 자체로 의미가 있다는 걸 알게 되었기 때문이다. 용기를 내어 말을 걸었고, 진심으로 묻고 싶던 질문을 하며 대화를 시작했다. 그렇게 우리의 만남이 이어졌고, 지금은 학문을 넘어 좋은 친구로 지내고 있다.

이런 자기 성찰과 고민은 건강한 우정을 위해 꼭 필요한 과정이다. 진정한 우정을 위해 이익이 주된 목적이 되어서는 안 되지만, 그렇다고 완벽하게 순수한 동기만 있어야 한다는 뜻도 아니다. 인간인 이상 여러 감정과 계산이 섞일 수밖에 없다. 중요한 것은 그런 마음을 인식하면서도 사람 그 자체를 보려는 순수한 태도를 잃지 않는 것이다. 주고받는 양쪽 모두가 이런 마음가짐을 가질 때 비로소 진정한 우정이 싹틀 수 있다.

AI 로봇의 등장으로 '과연 로봇 같은 기계가 인간의 친구나 가족이 될 수 있는가'라는 근본적인 의문이 제기되고 있다. 이와 관련해서 AI 등 기술문명에 대한 지나친 정서적 의존이 윤리적으로는 어떤 문제를 야기할까?

가장 큰 문제는 인간과 깊은 관계를 맺을 능력을 잃거나, 인간과 교류할 필요를 느끼지 못하게 될 수도 있다는 점이다. 앞서 말했듯 바람직한 인간관계를 맺기 위해서는 많은 노력이 필요하다. 상대를 존중하고 조심스럽게 대하는 태도도 요구된다.

하지만 AI는 우리가 듣고 싶은 말만 해주는 경우가 많다. 우리가 하는 말을 듣고 기분 나빠하거나 비밀을 다른 사람에게 퍼뜨릴 걱정도 없다. 이런 AI와의 대화에 익숙해지면, 자신에게 무조건 맞춰주지 않거나 때로는 불편한 말을 하는 실제 인간과의 관계에 적응하기 어려워질 수 있다.

이런 습관이 이어지면 AI 로봇 사용자 스스로 굳

이 인간과 교류할 필요를 느끼지 못하게 될지도 모른다. 영화 〈그녀Her〉는 이러한 상황을 잘 보여준다. 인간관계에 적응하지 못한 주인공이 자신의 마음을 잘 알아주는, 혹은 그렇게 느끼게 해주는 AI와 사랑에 빠지는 이야기다. 당시에는 영화적 상상력으로 보였던 이 작품의 내용이 개봉 후 10여 년이 지난 지금 현실이 되었다.

기술이 외로운 현대인에게 '위로'라는 상품을 본격적으로 판매하기 시작한 것이다. 혼자 외로워하는 것보다는 AI와 친구가 되는 것이 낫다고 생각할지도 모른다. 이런 습관이 인간관계에 필요한 능력과 태도를 퇴화시키고, 진짜 관계에 대한 갈증조차 느끼지 못하게 만든다면 장기적으로 큰 문제가 될 수밖에 없다. 인간에겐 결국 인간의 손길이 필요하다.

4부

삶에 우정을
채우기 위해
알아야 할 것들

'사이'에 필요한
최소한의 덕목에 대하여

좋은 사람과 좋은 친구는 다르다

앞서 친구를 잘 사귀고 좋은 친구가 되려면 무엇이 요구되는지 알아보았다. 좋은 친구가 되기 위해서는 관심과 배려, 존중과 공감 등의 태도가 필요하다. 그렇게 보면 좋은 친구가 되는 길은 곧 좋은 사람이 되는 길과 크게 다르지 않은 것 같기도 하다. 하지만 반드시 그런 것은 아니다. 나와 친하지 않은 낯선 사람들에게도 분명 배려와 존중은 필요하기 때문이다.

때로는 친구나 가족처럼 나와 가까운 사람을 위해서 하는 일이 나와 먼 낯선 사람들을 위한 일과 서로 상충하기도 한다. 좋은 친구가 되기 위해서는 어느 정도의 편향성partiality이 필요하지만 좋은 사람이 되기 위해서는 공평무사함impartiality이 필요하기 때문이다. 즉 친구를 위해 어느 정도 팔이 안으로 굽어야 하지만 그 과정에서 다른 사람들에게 부당한 피해를 주지 않는 것도 중요하다는 말이다. 이처럼 좋은 친구가 되는 데 필요한 윤리가 있고 좋은 사람이 되는 데 필요한 윤리도 있다. 이 둘 사이의 균형을 찾는 지혜야말로 좋은 삶을 살아가는 데 중요한 것이다.

여기서 궁금해진다. '좋은 사람은 곧 좋은 친구가 될 수 있는가? 또는 좋은 친구는 곧 좋은 사람인가?'하는 것 말이다. 아무리 도덕적인 소양을 갖춘 좋은 사람이라고 해도 나와 직접적인 교류를 하지 않거나, 지속적으로 시간과 경험을 함께 나누지 않는 사람과는 친구가 될 수 없다. 다시 말해 좋은 사람이라고 해서 모두 좋은 친구가 되는 것은 아니다.

아주 정교한 열쇠와 튼튼한 자물쇠가 있어도 서로 맞지 않으면 무용지물인 것과 마찬가지다. 즉 두 사람이 아무리 도덕적이고 덕스러운 사람이라고 해도 상호 소통이 불가능하거나 일상을 함께할 수 없다면 좋은 친구는 아니다. 그래서 어떤 사람이 누군가에게 좋은 친구인지의 문제는 각

개인이 독립적으로 좋은 사람인지의 문제만이 아니다. 상대와 서로 결이 맞는지의 문제도 살펴봐야 한다. 열쇠와 자물쇠처럼 서로 맞는 사람이 따로 있을 수 있기 때문이다. 그럼 좋은 친구가 되는 우정과 좋은 사람이 되는 일반적 도덕 사이의 관계를 조금 더 살펴보자.

완벽하지 않아도 꽤 괜찮은 사람이면 충분하다

어느 날, 친구가 다급하게 연락을 해왔다. 그러고는 "야, 큰일 났다. 아무한테도 말하지 말고 나랑 시체 좀 옮겨줄 수 있어?"라며 도움을 청한다면, 당신은 과연 그 부탁을 들어줄 수 있겠는가? 이때 잠시 망설이다가 도와주는 사람이 있는 반면, 아무리 친구지만 정의롭지 못한 상황이라는 생각에 선뜻 나서지 못하는 이도 있을 것이다. 친구가 사람을 죽인 게 사실이라면 시체를 숨긴다고 해결될 일이 아니므로, 좋은 친구라면 깊은 고민에 빠질 수밖에 없다.

이 질문과 관련해서는 키케로의 우정에 관한 이야기를 떠올려볼 필요가 있다. 키케로는 "친구들에게 옳지 못한 것은 요구하지 말 것이며, 친구들을 위하여 옳은 것만 행하되 부탁해오기를 기다리지 말라."고 했다. 애초에 옳지 못한 행위를 요구하는 것은 도덕적이지 않기 때문이며 그 자체가 좋은 친구의 기준에 미치지 못하는 것이다. 또한 키케로는 진실된 친구가 옳은 부탁을 하면 항상 돕겠다는 열성을 보이고 꾸물대지 말고 거리낌 없이 솔직하게 충고하라고도 당부했다.

키케로가 말했듯 우리는 친구에게 과도한 편향성을 기대하지 않아야 한다. 우정은 무조건적인 편들기가 아니다. 친구라고 해서 언제나 내 편만 들어주기를 바라는 것은 건강하지 못한 태도다. 진정한 친구는 상황을 따지지 않고 무조건 손을 들어주는 사람이 아니라, 잘못된 길을 갈 때는 불편하더라도 진실을 말하고 바로잡아 주는 사람이다.

가령 친구가 모르는 사람과 다투고 있다면 친구 편을 들려는 마음이 앞서겠지만 덮어놓고 상대방이 잘못했다고 단정해서는 안 된다. 우선 상대의 마음을 달래고 옳고 그름을 가린 뒤 친구에게는 따뜻하게, 상대에게는 정중하게 대하는 균형이 필요하다. 우리는 기본적으로 친구뿐 아니라 친구가 아닌 사람도 배려하고 존중해야 한다. 도덕적 관점에서 보면, 어떤 친구가 나 때문에 나쁜 일을 하게 된다면 그것은 결코 진정한 우정이라 할 수 없다. 진짜 우정은 잘못된 행동에 눈감는 동조가 아니라, 옳은 길로 이끌며 서로의 성장을 돕는 노력의 과정이다.

따라서 친구에게 기대해야 할 것은 진실도 무시하는 편향성이 아니라 진심 어린 조언과 도덕적 기준을 지켜주는 태도다. 때로는 듣기 거북한 말일지라도 그런 친구의 조언이 결국 나를 지켜주고 성장하게 만든다. 그런 친구가 곁에 있을 때 우리는 비로소 든든한 동반자를 얻었다고 말할 수 있다.

정리하자면, 애초에 좋은 친구라면 옳지 못한 요구를 해서 상대가 그 청을 들어줄지 말지 고민하게 만들지 말아야 한다. 친구를 괜히 고민하게 할 이유가 없다. 반대로 친구를 도와야 할 상황이라면 머뭇거리지 말고 기꺼이 나서서 돕되, 필요할 때는 솔직한 충고도 아끼지 말아야 한다. '가재는 게 편'이라는 말이 있지만, 진정 게의 편을 들어주려면 무조건 지지하기보다 때로는 쓴소리를 통해 바른 길로 이끌 필요도 있다.

그렇다면 도덕적 소양을 갖춘 사람만이 서로에게 좋은 친구가 될 수 있을까? 성인군자 같은 사람은 누구와도 좋은 친구가 될까? 아리스토텔레스는 그렇게 생각한 듯하다.

그는 가장 이상적인 친구 관계는 각자가 완전한 덕을 지닌 개인 사이에서만 가능하다고 본다. 물론 극악무도한 사람끼리는 친구가 되기 어렵다. 상대가 누구든 배려나 존중, 신뢰를 기대하기 힘들기 때문이다. 그러나 완벽한 덕을 지닌 사람만이 좋은 친구가 될 자격이 있는 것은 아니다. '꽤 괜찮은 사람'이라도 서로를 존중하고 아끼려는 마음이 있다면 충분히 좋은 친구가 될 수 있다.

여기서 말하는 '꽤 괜찮은 사람'은 최소한의 도덕적 적절성을 갖춘 사람을 뜻한다. '최소한의 도덕적 적절성'이란 삶의 여러 영역에서 일정 수준 이상의 성품을 지닌 것을 말한다. 예를 들어 '약속은 잘 안 지키지만 동정심이 많다'라고 할 수 있어도, '남을 살해하는 것이 취미이지만 용기가 있다'라고는 할 수 없다. '연민'이나 '용기' 같은 덕목을 지녔다고 하려면, 연쇄살인 같은 극악무도한 행위를 하는 사람일 수는 없기 때문이다. '연민을 가진 연쇄살인범'이 성립하지 않듯, '사이코패스 성향의 범죄자이지만 좋은 친구'라는 말도 성립할 수 없다. 연민은 연쇄살인범에게 적용될 수 없는 덕목이며 사이코패스와는 좋은 친구 관계를 맺을 수 없기 때문이다.

그러나 '약속을 잘 어기지만 동정심 많은 사람'이나 '게으르지만 좋은 친구' 정도는 가능하다. 약속을 잘 안지키는 것은 바람직하지 못한 행위이지만 극단적인 악행은 아니다. 따라서 동정심이라는 덕목을 지닐 수 있다. 게으름처럼 나쁜 습관이 있더라도 타인에게 직접적인 피해를 주지 않고, 다른 면에서 도덕적 성품이 꽤 괜찮다면 그와는 충분히 친구가 될 수 있다.

누군가는 연쇄살인범이나 사이코패스 범죄자도 적어도 자기들끼리는 친구가 될 수 있는 것이 아니냐고 반문할 수 있다. 하지만 자신의 목적이나 유희를 위해 거리낌 없이 상대를 죽일 수 있는 살인범이 자기와 비슷한 태도를 가진 사람을 만난다고 서로 이해하고 존중하는 친구가 될 수 있을까? 그렇지 않다고 생각한다. 기껏해야 '왜 살인을 즐기는지' 정도에 대해 공감을 할 수 있을 뿐 이들은 서로를 여전히 수단으로만 볼 가능성이 높다.

사이코패스 역시 공감 능력이 결여된 사람이라 상대가 사이코패스라고 해서 갑자기 그 사람의 고통에 공감하고 연민을 갖지는 않을 것이다. 이런 점에서 최소한의 도덕적 적절성도 갖지 못한 사람은 진정한 의미의 우정을 갖기 어럽다고 보는 것이 타당하다.

좋은 친구가 되기 위해서는 꽤 괜찮은 사람이어야 하지만 꼭 완벽하게 덕스러운 사람일 필요는 없다. 완벽하지 않아도 일정한 기준을 넘어서는 최소한의 도덕적 바탕이 갖춰져 있다면 충분히 좋은 친구가 될 준비가 된 것이다. 예컨대 다른 사람에게는 불친절하고 냉정하게 보일지라도, 특정한 관계 속에서만큼은 진심을 다해 아끼고 배려한다면 그에게는 좋은 친구가 될 가능성이 열려 있다.

이런 의미에서 우정의 덕목은 나와 친구의 관계 영역 안에서만 발휘되는 덕목이다. 그리고 그 제한된 관계 속에서 드러나는 특별한 덕목이 우정의 고유한 아름다움이다. 각자가 완벽한 사람일 필요는 없다. 적절한 도덕적 수준만 갖춘다면, 오히려 부족함이 있는 사람들끼리 서로의 흠을 메워주는 관계에는 특유의 따뜻함이 있다.

예를 들어 너무 게으르고 매사 미루는 성향을 가진 사람과 지나치게 예민해 주변 사람들과 잘 어울리지 못하는 사람이 친구라면 이들은 의외로 서로를 이해하며 부족한 점을 보완하는 상생의 관계가 될 수 있다. 함께 일상을 보내면서도 큰 충돌 없이 조화롭게 지낼 수 있고, 각자의 결핍이 오히려 관계의 완전성을 만들어주기도 한다. 이런 우정은 완벽한 사람들끼리의 만남에서는 찾아보기 힘든 고유한 아름다움을 보여준다.

이처럼 흠이 있는 사람 사이의 우정은 그 자체로 독특한 아름다움을 지닌다. 그래서 관대함과 포용력은 우정의 가장 중요한 덕목 중 하나다. 셰익스피어도 "친구라면 자고로 그의 결점을 참고 견딜 줄도 알아야 한다."라고 말했다.

친구가 내 기대에 미치지 못하는 행동을 하거나 나쁜 습관을 갖고 있다 해도, 곧바로 고치려 하거나 관계를 끊기보다 친구이기에 더 포용하고 기다려줄 수 있어야 한다. 작은 결점조차 견디지 못한다면 그는 '도덕적 결벽증'을 가진 사람일 수는 있어도 관대함과 포용력을 지닌 친구로서는 부적격이다.

좋은 우정을 위한 5가지 태도

앞서 논의했듯이 좋은 친구가 되기 위해서는 최소한의 도덕적 적절성이 필요하다. 하지만 좋은 사람이 곧 좋은 친구가 되지는 않으므로 좋은 친구가 가진 특징들을 살펴볼 필요가 있다.

우선 서로의 자율성을 존중하는 한도 내에서 포용하는 태도가 필요하다. 친구 사이는 남에게는 하지 못할 비밀스럽거나 힘든 이야기도 솔직하게 털어놓을 수 있고, 서로를 이해할 수 있다. 이러한 관계를 유지하기 위해서도 친구 간의 관대함과 포용성은 중요하다. 단순한 회사 동료는 게으름을 참지 못하고 다그칠 수 있지만, 친구라면 어느 정도 눈감아주고 그가 변하기까지 기다려줄 수 있다.

이때도 주의할 점이 있다. 친구의 흠이 사회적으로 문제가 될 정도로 치명적인 도덕적 결함이어서는 안 된다. 예를 들어 남의 자전거를 훔치는 친구가 있다면, 친구로서 다시는 그런 일을 하지 말라고 강하게 조언해야 한다. 친구가 극단적인 불의를 저지르려 한다면 만류해야 하는 것은 물론이고 그런 짓을 할 경우에는 절교할 것이라고 과감히 선언하는 강단도 보일 수 있어야 한다.

예를 들어 누군가 자신을 화나게 했다는 이유로 살인을 저지르려는 친구가 있다면, 적극적으로 개입해 말려야 한다. 이때는 그런 짓을 하면 더 이상 친구일 수 없다는 뜻을 분명히 하고 경찰에 신고할 용기를 내야 한다. 친구가 사람으로서 넘어서는 안 되는 선을 넘었을 때는 '우정'이라는 이름으로도 덮어주면 안 된다. 그 때는 한 친구로서가 아니라 한 사람으로서 지켜야 할 최소한의 도리를 따라야 하는 것이다.

이처럼 친구가 어떤 흠을 가지고 있느냐에 따라 친구로서 그것을 용인하고 바뀌길 기다려주어야 할 때도 있고, 적극적으로 개선시키거나 단호히 제지해야 할 때도 있다. 좋은 친구란 그 상황을 정확히 판단하고 필요한 일을 할 줄 아는 지혜를 가진 사람이다.

지금까지 좋은 친구가 되는 우정의 덕목과 좋은 사람이 되는 일반적 덕스러움의 관계에 대해 살펴보았다. 덕목이란 타인을 친절하고 정직하게 대하는 등의 일반적 덕목과 부모님께 효도하고 친구와 진심 어린 우정을 나누는 등 관계적 덕목으로 나뉜다. 이때 우정의 덕목은 관계적 덕목으로서 다른 일반적 덕목과 함께 동등한 윤리적 저울 위에서 고려되어야 한다.

이러한 판단을 내리고 그것에 맞는 행위를 하는 것은 쉽지 않다. 가령 무고한 사람을 구하기 위해 거짓말을 해야 하는 상황에서 연민과 정직이라는 두 가지 다른 덕목이 부딪힐 때, 거짓말을 할지 말지 쉽게 결정하기 어려운 것과 같다.

이와 마찬가지로 친구에게 좋은 친구가 되는 우정의 덕목 역시 다양한 상황, 즉 정의의 영역 또는 도덕의 영역에서 어떤 행동을 택해야 할지 고민해야 하는 순간이 많다. 중요한 것은 관계적 덕목으로서의 우정도 일반적인 도덕 덕목처럼 윤리적 잣대를 적용해 지혜롭게 그 상황에 맞는 판단을 해야 한다는 점이다.

그래서 우정에도 윤리적 고려가 필요하고, 전체 상황에 맞는 균형 잡힌 판단이 중요하다. 친한 사람에게 마땅히 해야 할 일과 사람에게 마땅히 해야 할 일은 엄연히 서로 다른 것이다. 이를 혼동한다면 어느 쪽 도리도 제대로 하기 어렵다.

나라는 사람을
더 잘 알게 하는 존재

우정과 자기 인식의 상관성

이번에는 우정과 진실의 관계에 대해 이야기해보자. 친구의 존재는 나 자신을 더 잘 알게 해주는 거울과 같다. 우리는 흔히 자신을 가장 잘 아는 사람이 자기 자신이라고 생각하지만, 때로는 가까운 친구가 나보다 나를 더 정확히 알고 있을 때가 있다.

오랜 시간을 함께해온 친구는 나의 습관과 말투, 생각의 방향, 감정의 흐름까지 꿰뚫어 보며 내가 미처 인식하지 못한 나의 일면을 비춰준다. 그를 통해 나는 나의 태도와 생각을 다양한 각도에서 바라볼 수 있고, 그 시선을 통해 스스로를 성찰하게 된다. 이처럼 내 삶의 진실을 비추는 역할을 하는 우정의 의미를 이해하기 위해서는, 우정이 자기 인식과 어떤 관계에 있는지를 살펴볼 필요가 있다.

친구의 가장 큰 장점 중 하나는 나 자신을 더 깊이 이해할 수 있도록 도와준다는 점이다. 친구는 나에 대해 다른 누구보다 많은 것을 알고 있다. 함께한 시간이 길수록 서로의 삶이 교차되고, 서로의 내면에 대한 이해가 깊어진다. 자연스럽게 사적인 이야기나 비밀을 공유하게 되고, 말하지 않아도 마음을 읽는 순간들이 쌓여간다. 서로에게 관심이 많기 때문에 알아가는 폭도 점점 넓어진다. 이 과정에서 친구는 단순한 타인이 아니라 나를 누구보다 잘 아는 관찰자이자 조언자가 된다.

좋은 친구는 서로를 위해 끊임없이 도움이 되고자 한다. 친구란 본래 상대에게 좋은 것을 주고 싶어 하는 존재이며, 그 '좋은 것' 중 하나가 바로 자기 자신에 대한 앎이다. 좋은 친구는 나도 미처 몰랐던 나를 발견하게 해준다. 그의 시선을 통해 나는 나의 진심과 한계를 새롭게 인식하고, 때로는 내 안의 두려움과 모순을 마주할 용기를 얻는다. 그런 과정을 거치며 나는 점점 더 진실한 자기 자신에 가까워진다. 결국 좋은 친구란 나의 삶을 함께 살아주는 사람일 뿐 아니라, 나를 나로서 이해하게 만드는 또 하나의 거울이다.

나에게 그런 면이 있었나?

이렇듯 친구는 나에게 자기 인식을 선물하기에 가장 좋은 위치에 있다. 먼저 친구는 내가 미처 몰랐던 장점을 깨닫게 해준다. 많은 사람은 자신의 장점을 제대로 알지 못한 채 살아간다. 특히 자신에게 엄격하거나 늘 외부의 시선에 신경 쓰는 사람이라면 정작 자기 자신에 대해서는 잘 모를 수 있다. 그래서 친구가 나의 장단점을 구체적으로 말해주면 "나에게 그런 면이 있었나?" 하며 깜짝 놀라곤 한다.

친구는 자신감을 되찾을 수 있도록 내가 가진 장점을 구체적으로 짚어줄 수도 있다. 예를 들어 친구가 입사 시험을 앞두고 연거푸 떨어진 탓에 자신감을 잃고 불안해한다고 해보자. 이때 나는 옆에서 진심으로 응원하고 지지하며 용기를 북돋을 수 있다.

"네가 얼마나 노력해왔는지 나는 알고 있어. 너의 재능과 노력이라면 충분히 합격할 수 있어. 걱정 말고 내 눈을 믿어봐!" 나를 가장 잘 아는 친구에게서 진심 어린 응원을 받고, 그 응원을 통해 잠시 잊고 있었던 나의 장점을 깨닫게 되면 어떨까? 바닥으로 떨어졌던 자신감을 조금씩 회복하면서 자기 신뢰감도 올라갈 것이다.

살다 보면 자신이 가진 좋은 점에 대한 믿음이 부족할 때가 있는데 이때 친구는 내가 가진 구체적인 장점을 인식할 수 있도록 도와준다. 이처럼 친구는 내가 지금보다 더 나아질 수 있도록 새로운 동기를 부여해주고, 최선을 다해 도전해볼 용기를 갖게 해주는 고마운 존재다.

때로는 친구가 나의 단점을 깨닫고 받아들일 수 있도록 도와주기도 한다. 달라이 라마가 말했듯 '진정한 친구는 당신이 잘못한 것을 말해주는 사람'이기 때문이다. 친구가 가진 흠을 고칠 가능성이 있다면 친구의 발전을 위해 그 결점을 알려주고 고치도록 도와줄 필요가 있다. 친구라면 평소에는 있는 그대로 받아들이고 위로해주되, 때로는 서로의 결점을 일깨워주는 쓴소리를 통해 더 나은 사람이 되도록 도와야 한다.

자신을 객관적으로 인식하고 평가하는 일은 쉽지 않다. 앞에서 말한대로 자존감이 낮아 자신의 장점을 못보는 경우도 있지만 반대로 자기 자신에게 느슨한 잣대를 들이대며, 실수해도 대수롭지 않게 넘기고 웬만하면 좋게 보려는 성향도 지니고 있다. 그래서 자신의 단점이나 결점을 미처 의식하지 못하거나 인정하지 못하는 경우가 많다. "등잔 밑이 어둡다."는 말은 자기 자신의 결점에도 그대로 적용된다.

진정한 친구는 이런 순간에 결점을 마주할 수 있도록 직언을 해주는 소중한 존재다. 때로는 경고등을 켜듯 다른 사람에게서 들으면 상처가 될 말을 대신 전하며 기꺼이 악역을 맡는다. 덕스러운 우정을 나누는 관계는 서로가 더 나은 방향으로 성장하기를 바라기 때문이다. 친구의 결점에 불만을 품는 대신 쓴소리를 해줌으로써 그가 더 나은 사람이 되도록 돕는다. "진정한 친구는 뒤가 아니라 앞에서 찌른다."라는 오스카 와일드의 말은 이 점을 재치 있게 표현한다.

비판없이 좋은 점만 봐주려는 시선은 어찌보면 더 좋게 만들어주려는 마음이 부족한 것이다. 꾸준히 그러나 친절하게 비난 아닌 비판을 해주는 소중한 친구가 곁에 있다면 나의 부정적 반응에 입을 다물어버리지 않도록 겸손한 마음으로 지켜내야 한다.

그뿐만이 아니다. 친구에게는 직언을 들어도 모르는 사

람이나 적에게 들을 때보다 상처가 덜하다. 우정은 진실한 신뢰를 바탕으로 형성된 관계이기에, 오랜 시간 곁에서 나를 지켜본 친구는 나를 더 객관적으로 바라보며 진심 어린 조언을 건넬 수 있다. 이런 조력자가 단점을 지적하면 그 순간에는 기분이 상할 수 있어도 결국 충분히 납득할 수 있다.

물론 쓴소리를 할 때에도 존중과 예의를 잊지 말아야 한다. 조언을 할 때 흔히 말하는 '팩트 폭격'처럼 사실만을 직설적으로 쏟아내기보다 친구가 스스로를 돌아볼 여유를 가질 수 있도록 조금은 에둘러 부드럽게 말하는 태도가 좋다. 인정하기 어려운 사실을 마주하는 것만으로도 충분히 쓰라리기에 그 진실을 전하는 방식은 더 따뜻하고 세심해야 한다. 이런 배려는 우정을 오래 지탱하는 핵심 요소다.

특히 노력으로도 바꿀 수 없는 점에 대해서는 굳이 지적하지 않는 편이 낫다. 예컨대 다 큰 어른에게 "너는 왜 그렇게 키가 작아?"라고 말하는 것은 진실을 말하는 것이 아니라 불필요한 수치심과 상처만 줄 뿐이다. 친구 관계에서 진실성을 중시해야 하지만 그렇다고 알고 있는 모든 진실을 다 말할 필요는 없다. 친구에 대한 진실을 추구하되, 무엇을 어떤 방식으로 언제 전할지는 또 다른 지혜가 필요한 문제다.

나 자신을 더 깊이 이해하게 하는 존재

친구는 이렇게 말을 통해 상대의 장점과 단점을 깨닫게 해주는 존재다. 하지만 친구가 아무 말도 하지 않더라도 자신과의 비교 대상이 됨으로써 자연스럽게 자기 인식을 돕기도 한다.

"친구는 일종의 거울이다."라는 아리스토텔레스의 말처럼 오래 사귀어온 친구는 나와 닮은 점이 많다. 애초에 서로 비슷한 성향과 생각을 가졌기에 가까워졌을 수도 있고, 함께하는 세월이 길어지면서 부지불식간에 서로 닮아갔을 수도 있다. 그래서 친구 사이를 '유유상종'이라고 한다. 하지만 그렇다고 해서 친구가 나와 똑같은 모습만을 보여주는 것은 아니다.

친구와 다른 점을 관찰하고서 자신에 대해 새롭게 배울 수도 있다. '나는 숙제도 게을리 하고 수업 시간에 종종 지각도 하는데, 지아는 숙제도 꼬박꼬박 하면서 지각도 한 번도 한 적이 없어.' '지후는 정말 아는 게 많아. 늘 새로운 것

을 배우려고 하거든. 지후를 만나면 늘 나는 아는 게 별로 없다는 생각이 들어.'

이런 식으로 사람은 친구를 통해 은연중에 자신을 비추어보며 개선점을 찾는다. 경우에 따라서는 내가 친구보다 나은 점이 무엇인지를 확인하기도 한다. 예를 들어, 타인의 잘못을 집요하게 지적하는 친구를 보면서 나는 사소한 실수는 금세 잊고 넘어가는 관대한 성격을 지녔다는 사실을 새삼 깨닫게 되기도 한다.

이처럼 친구는 서로를 거울 삼아 자신을 더 깊이 이해하게 해주는 존재다. 일정 수준의 도덕적 소양을 갖춘 친구라면, 나의 장점은 물론 부족한 점까지 일깨워주어 성장과 발전의 밑거름이 된다.

따라서 친구끼리 긍정적인 영향을 주고받기 위해서는 몇 가지 태도가 필요하다. 충고가 필요할 때는 기꺼이 말하되, 상대가 스스로 변할 수 있도록 기다려줄 줄 알아야 한다. 그리고 힘든 일에 시달려 용기를 잃었을 때는 가장 가까운 자리에서 응원해주는 조력자가 되어야 한다.

친구라서
믿어주고 싶은 마음

무조건 내 편이 좋을까, 냉철한 판단자가 좋을까

우정과 진실의 관계에 대해 또 하나의 중요한 철학적 질문이 있다. 진정한 친구라면 나에 관련해서는 가능한 좋은 점만 보려 하고 웬만하면 긍정적으로 믿으려고 해야 할까? 아니면 아무리 친구라 해도 객관적인 눈을 유지하며 결점에 대해서라도 정확한 판단을 해야 하는 것일까?

친구를 위하는 태도와 진실을 추구하는 태도는 과연 어떻게 양립될 수 있을까? 좋은 친구가 되려면 진실까지 왜곡해가며 친구에 대해 긍정적인 믿음을 가져야 하는가? 이 문제는 좋은 친구가 되려면 때로는 증거를 무시하고 그저 친구이기 때문에 믿는 편향성을 가져야 하는지에 관한 철학적 질문이다. 즉 '팔은 안으로 굽는다'고 하지만 진실을 보는 눈 역시 안으로 굽어야 하는지를 묻는 것이다.

이와 관련해 미국 시트콤 〈프렌즈〉 속 한 에피소드를 떠올려보자. 챈들러는 절친한 친구인 조이가 배역을 따내기 위해 오디션을 보러 가는 차에 함께 타고 라스베이거스로 향하고 있다. 두 사람은 차 안에서 평소처럼 수다를 떨며 장난을 주고받고 있었다. 그때 조이가 불쑥 챈들러에게 묻는다. "나 오디션에서 붙을 거 같아? 떨어질 거 같아?" 순간 챈들러는 무심코 자기가 진짜로 믿는 대로 말해버린다. "잘 안될 거 같아." 이 말에 마음이 상한 조이는 혼자 떠나버린다.

객관적인 조건만 본다면 조이가 합격하기 어렵다고 믿는 것이 합리적인지도 모른다. 여기서 의문이 생긴다. 친구가 자신의 성공을 믿어주지 않아서 마음 상한 조이가 속이 좁은 친구였을까? 아니면 객관적인 증거만 고려해서 조이가 잘될 거라고 진심으로 믿어주지 않은 챈들러가 무심한 친구였을까?

우호적 희망과 진실의 추구

한 가지 분명한 것은 우정이 절대로 진실 왜곡을 요구하지는 않는다는 점이다. 분명 친구라면 타인에 비해 친구를 우선시하는 편향성을 어느 정도 가져야 하는 것은 맞다. 하지만 좋은 우정은 주어진 증거와 무관하게 사실을 왜곡해서 믿음을 형성하는 성향, 즉 '인식적 편향성epistemic partiality'까지 요구하지는 않는다.

좋은 우정이 요구하는 것은 친구를 위해 진실마저 외면하고 왜곡하는 인식적 편향성이 아니라 친구를 향한 '우호적 희망friendly hope'이다. 우호적 희망이란 가까운 사이에서 사실을 왜곡하지 않으면서도 상대의 잘됨을 진심으로 바라며 진리 추구의 방식을 조정하는 태도를 말한다. 즉 진실성과 다정함을 동시에 지키는 '친한 사이의 희망'이라 할 수 있다. 우호적 희망은 친구의 삶이 잘 되기를 바라는 욕구와 그것이 어느 정도 가능하다고 믿는 태도의 결합으로 이루어진다.

우호적 희망을 품은 친구는 친구의 잘됨 자체를 수단처럼 여기지 않는다. 다시 말해 친구가 잘되는 것을 통해 자신에게 도구적인 이익이 돌아오기를 바라지 않는다는 뜻이다. 예를 들어 나중에 나에게도 한 자리 주기를 바라는 희망에서 친구가 당선되기를 바란다면 이건 진정한 친구의 태도가 아니다. 친구의 있는 그대로의 모습을 받아들이면서도 그가 더 잘되기를 바라는 마음을 함께 품어야 한다.

친구의 진실을 외면하지 않는 희망

이처럼 수용과 기대의 균형을 맞출 줄 아는 친구야말로 이상적인 친구다. 그런 점에서 우호적 희망은 간섭이 아닌 '동행하는 관계'라 할 수 있다. 이때의 희망은 대신 살아주는 것이 아니라 곁에서 바라보고 함께 걸어가는 태도다. 따라서 친구나 주변인은 당사자의 목적을 대신 이루어주는 주체가 아니라, 곁에서 지켜봐주고 도움을 주며 조언하는 동반자의 역할을 해야 한다.

우호적 희망은 그 자체로 친구에 대해 긍정에 치우친 믿음을 갖도록 요구하지 않는다. 친구 사이에 동반자적 믿음을 형성하려면 친구의 진실을 외면하거나 왜곡해서는 안 된다. 단지 잘되기를 바라는 막연한 소망이나 편향된 긍정은 적절하지 않다. 진정한 친구라면 현실을 똑바로 인식하고, 의미 있는 목표를 세워 그 목표를 향해 최선을 다할 수 있도록 도와주는 태도가 필요하다.

이런 태도는 단순한 낙관주의가 아니라 객관적 근거를 바탕으로 친구가 책임 있는 희망을 품도록 하는 것이다. 그렇게 할 때 오히려 그의 가능성은 더 확장된다. 우호적 희망은 단순한 믿음을 넘어 친구를 대하는 올바른 태도이기도 하다.

그렇다면 왜 우정이 때로는 편향된 긍정을 요구하는 듯이 보이는 걸까? 그것은 친구에 대한 믿음을 형성할 때 과학적 사실을 대하듯 객관적이고 냉철한 태도를 보이면 마치 친구가 좋은 삶을 살기를 바라는 우호적 희망을 결여한 것처럼 비추어질 수 있기 때문이다. 좋은 우정은 친구를 나처럼 아끼는 마음을 전제로 한다. 그 마음은 사실을 사실을 왜곡하거나 증거를 무시하면서까지도 긍정적으로 봐주기를 바라는 것이 아니라, 사실을 확인할 때 친구의 일에도 내 일만큼 정성과 주의를 기울이는가로 드러난다.

예를 들어보자. 선생님이 지우에게 "너의 수학 점수는 70점이란다."라고 말한다. 지우는 생각보다 낮은 점수에 충격을 받는다. "선생님, 그럴 리가 없어요. 농담이죠? 혹시 다른 학생 점수와 헷갈리신 건 아니죠? 시험지를 다시 확인해봐도 될까요?"라며 그 사실을 믿기 전에 근거를 더 요구한다. 낮은 점수를 인정하고 싶지 않은 자기지향적 희망self hope 때문에 그것을 사실로 받아들이기 전에 추가 검증을 하는 것이다.

이때 선생님이 지우의 친구 영지의 점수도 70점이라고 말했다고 해보자. 이번에는 자기 점수를 들었을 때와 달리 지우는 호들갑을 떨지 않고 재확인조차 하지 않는다. 그저 무심하게 "네, 알겠어요. 영지한테 전해줄게요."라고 말할 뿐이다.

이런 온도 차를 우연히 본 영지는 친구로서 지우의 태도에 실망한다. 이 실망은 자기 일에 쏟던 인식적 노력과 관심을 친구의 일에는 보이지 않았다는 데서 비롯된다. 좋은 친구의 우호적 희망이 요구하는 것은 사실 사실을 왜곡하거나 편파적으로 좋게만 봐주길 바라는 것이 아니다 친구에 대해 안 좋은 사실을 믿어야 할 때 한 번 더 확인하고, 대안적 설명은 없는지 검토하며, 증거를 조금 더 모아보는 태도다. 마치 자신에 대한 믿음을 형성할 때처럼 말이다.

이런 태도는 물론 다른 사람에 대한 진실을 추구하는 태도와는 다르다. 그러나 여전히 주어진 증거에도 불구하고 사실을 왜곡하는 것이 아니라, 자신의 삶에 중요한 사실이기 때문에 조금 더 많은 증거를 요구하는 태도일 뿐이다. 그런 점에서 보면 우호적 희망으로 인해 진실을 추구하는 자세에 변화가 생긴다고 해서 무조건 문제가 있다고 볼 필요는 없다.

비유를 들어보자. 빵집에 가서 순수한 호기심으로 "혹시 이 빵에 호두가 들어갔나요?"라고 물었다. 이때 점원이 "아마 안 들어갔을 거예요."라고 답했다면 그대로 믿기 충분한 증거가 된다. 그러나 호두 알레르기가 있는 사람에게는 그렇지 않다. 그에게는 건강에 매우 중요한 정보이기 때문이다. "혹시 사장님께 한 번만 여쭈어봐 주실 수 있나요?"라고 다시 물어 대답을 듣거나, 인터넷에 한 번 더 검색해본 뒤에야 안심할 수 있다.

이처럼 믿음을 형성하는 맥락에서 실천적 관심에 따라 요구하는 증거의 정도가 달라지는 것은 자연스러운 일이며, 진실을 외면하거나 왜곡하는 태도와 달리 진실을 추구하며 살아가는 자세로서 문제가 되지 않는다. 요컨대 우정이 요구하는 것은 '사실은 그대로 두되, 친구의 일도 내 일만큼 성심껏 확인해주는 것'이다.

친구를 위한 뜨거운 가슴과 차가운 머리

지금까지 살펴봤듯 진정한 친구는 순수하고 객관적인 관점에서 사실을 왜곡하지 않으면서도 나의 잘됨을 바라는 우호적 희망을 품는다. 우호적 희망은 단순히 친구가 '잘됐으면' 하는 막연한 소망wishful thinking과는 다르다. 진짜 희망은 오히려 친구의 현실을 알아가려는 인식적 노력을 함께 요구한다. 예컨대 친구가 원하는 목표를 이루었는지 증거를 찾아 확인하려는 태도 같은 것 말이다.

반대로 막연한 소망에 그치는 태도는 그 사실 여부를 알려고도 하지 않는다. 이런 친구는 편향된 긍정만을 반복하며 현실 검토를 건너뛴 채 좋은 쪽으로 믿으려 한다. 이런 태도는 잠시 기분을 띄울 수는 있어도 잘못된 기대를 키우고 준비할 기회를 빼앗아 결국 더 큰 실망을 낳을 수도 있다.

좋은 우정은 상대의 기분을 즉석에서 달래는 기술이 아니라 현실을 함께 감당하도록 돕는 태도다. 친구에 대한 믿음과 관련해서는 가능한 한 정확한 판단을 지향하는 편이 장기적으로 친구의 안녕에 더 유익하다. 좋은 친구는 편향된 긍정을 하기보다 정확한 판단을 위해 노력한다.

우정이 요구하는 진실성은 냉정함이 아니다. 다만 '사실을 알아보려는 수고'를 생략하지 않는 것이다. 이런 이유로 우호적 희망은 언제나 진실을 알아보는 태도와 함께 있다. 친구가 진정으로 잘되기를 바란다면 우리는 먼저 정확히 알기를 선택해야 한다.

다시 조이와 챈들러의 사례로 돌아가 보자. 챈들러가 객관적 근거에 따라 조이가 오디션에 합격하기 어렵다고 판단했다면 이는 친구로서 서운해할 일이 아니다. 간절한 조이에게는 합격 가능성이 낮다는 사실이 실망스러울 수 있다. 그래도 정당하게 증거에 기반해 조이의 합격 가능성을 낮게 본 챈들러의 믿음 자체를 서운하게 여겨서는 안 된다. 친구라고 해서 객관적 사실을 무시한 채 좋게만 보려는 태도는 오히려 불성실한 모습이 되기 때문이다.

물론 챈들러가 조이의 합격 여부에 무관심했다면 서운할 수 있다. 그런 태도는 우호적 희망의 결여를 드러내기 때문이다. 실제로 챈들러는 친구에게 충분한 관심을 갖고 정확한 판단을 하려는 적절한 태도를 보였다. 친구의 태도에 대한 실망과 진실의 내용에 대한 실망은 분명히 구분해야 한다.

친구가 행복한 삶을 살기를 바란다면 양손 중 한 손에는 희망을, 다른 한 손에는 진실을 쥐고 있어야 한다. 그 두 가지를 상황에 맞게 조화롭게 펼칠 때 친구 사이에 참된 믿음이 형성된다. 그렇게 될 때 비로소 관계는 순수하면서도 우호적 희망을 품은 방향으로 나아간다.

나라는 사람을
오롯이 보이는 법

있는 그대로의 나를 보여주는 용기

마지막으로 다루어볼 질문은 '친구에게 나를 얼마나 드러내야 할까?'다. 좋은 친구가 되려면 무엇보다 서로에게 마음을 열어야 한다. 겉으로는 친한 듯 보여도 서로 알지도 믿지도 못하는 사이라면 오래가기 어렵다. 서로를 드러내는 우정에 대해 칸트는 다음과 같이 말한다.

"두 인격이 자신들의 비밀스러운 판단과 느낌을 서로에게 개방할 때 보이는 완전한 신뢰이며, 그러한 한에서 그것은 서로에 대한 존중과 더불어 성립할 수 있다."

즉, 그에게 가장 고귀한 형태의 우정이란 자신을 드러내는 거리낌과 불안을 넘어 아무런 목적을 두지 않고서도 서로에게 자신을 열 수 있게 하는 관계이다. 아마도 나만의 중요한 고민이나 비밀을 믿고 털어놓을 상대가 없는 사람은 그 소통의 가로막힘 속에서 밀실에 갇혀 세상을 살아가는 듯한 외로움을 느낄 것이다.

그런 의미에서 깊은 우정을 쌓기 위해서는 상대에게 마음의 문을 여는 '자기공개 self-disclosure'가 필요하다. 여기서 말하는 자기공개란 자신에 대한 아무 정보나 알려주는 것이 아니라 아무에게나 함부로 알려주지 않는 민감한 정보를 자발적으로 드러내는 행위를 말한다. 단순한 일상 이야기나 가벼운 취향의 공유가 아니라, 자신의 내면 깊은 곳에 있는 민감한 사실을 드러내는 행위다. 한 마디로 '일기장에나 쓸법한' 이야기를 전하는 것이다.

예컨대 겉으로는 침착해 보이지만 사실은 불안과 자책 속에서 지내고 있다는 자신의 속마음을 털어놓는 경우, 가족 간의 갈등이나 부모님의 이혼처럼 평소엔 숨겨온 이야기를 솔직히 밝히는 경우, 혹은 과거의 실수나 도덕적 잘못에 대해 고백하는 경우를 들 수 있다. 또한 자신의 재정 문제나 병력, 드문 성적 취향처럼 드러났다가는 불이익이나 편견으로 인한 오해를 받을 수 있는 정보를 나누는 일도 이에 해당한다.

언어가 아닌 다른 방식으로 자기공개가 이루어질 수도 있다. 예를 들어 친한 친구와는 함께 목욕탕에 갈 수 있지만 낯선 사람과는 그렇지 않다는 사실만 봐도 알몸을 드러내는 행위 자체가 신뢰의 정도와 관계의 친밀도를 반영한다는 것을 알 수 있다. 이처럼 친구에게는 보여줄 수 있지만 낯선 사람에게는 쉽게 보여줄 수 없는 영역이 따로 존재한다. 자신에 대한 내밀한 정보를 어디까지 드러내는지가 친밀함의 척도가 되기도 한다.

그런 의미에서 자기공개는 단순한 정보 전달이 아니다. 내가 너에게 영향을 받아도 좋다는 허락이자 '나는 너를 신뢰한다'라는 제스처다. 상대가 나를 존중하여 다른 곳에 함부로 발설하지 않을 것이라는 신뢰 위에서 행해지는 개방의 행위인 것이다.

그런데 친구가 되기 위한 단계로서의 자기공개는 단순히 상대가 내 비밀을 발설하지 않을 것이라는 신뢰만으로는 충분하지 않다. 만약 그렇다면 신부에게 하는 고해성사

나 상담가와의 대화 역시 우정을 향한 제스처라고 해야 할 것이다. 하지만 신부나 상담가에게 하는 비밀의 공유는 '자기공개'라기보다 '토로'에 가깝다. 기차 안에서 처음 만난 사람에게 속내를 털어놓는 경우도 비슷하다. 그것은 관계를 깊게 맺기 위한 공개가 아니라 앞으로 다시 마주칠 일이 없을 것이라는 안도감 속에서 가능한 일시적 개방일 뿐이다. 이런 공적이거나 일회적인 자기공개 안에는 상대와 친해지고자 하는 욕구도, 상대가 나의 고백을 받아들여 같은 정도의 친밀감으로 응답하리라는 기대도 없다.

친구가 되기 위한 자기공개는 다르다. 이른바 '우호적 자기공개friendly self-disclosure'는 단순한 비밀보장에 대한 신뢰만 갖는 것이 아니다. 상대가 내 이야기를 부담 없이 받아들일 수 있으리라는 믿음과 그 역시 나처럼 가까운 관계를 맺고 싶어 하리라는 희망이 함께 있어야 한다. 친구에게 하는 자기공개란 내 약점이나 비밀을 이용해 나를 해치지 않을 것이라는 신뢰 위에 상대 역시 그 신뢰를 받아들이고 나에게도 우호적 자기공개를 할 의향이 있기를 바라는 희망이 더해진 행위다.

우호적 자기공개는 결국 일방적인 고백이 아니라, 서로

를 향한 관계의 제스처, 즉 '나는 너를 믿는다'는 표현이자 '너도 나를 믿어주길 바란다'는 요청이다. 예를 들어 "너만 알아둬. 이거 아무한테도 말 안 한 거야."라는 말을 신부나 상담가에게는 굳이 하지 않을 말을 친구 또는 친구가 되고 싶은 상대에게 하는 것은 상대를 특별하게 생각한다는 마음의 표현이기도 하다.

그런 의미에서 우호적 자기공개란, 남들에게는 좀처럼 보여주지 못하는 '있는 그대로의 나'를 친구에게만은 보아 달라고 청하는 우호적이고 간곡한 초대다. 이는 단순한 신뢰의 표현을 넘어 함께 더 깊은 관계로 나아가고자 하는 인간적 용기의 표현인 것이다. 진실한 관계는 언제나 위험을 감수하는 용기 위에 세워진다. 마음을 열어야 가까워지지만, 그 열린 마음은 동시에 가장 약한 지점이 되기도 한다. 그래서 용기 있는 고백은 우정의 출발점이 된다.

우정을 위한 '자기공개'가 필요한 이유

이러한 자기공개는 우정을 시작하고 키워나가는데 매우 중요한 행위이다. 가까운 관계가 되려면 신뢰가 반드시 필요하고 자기공개는 상대에게 마음을 열고 신뢰를 보이는 대표적인 행위이기 때문이다. 자신을 드러내지 않고 누군가와 깊은 우정을 쌓는다는 것은 상상하기 어렵다.

자기공개의 중요성은 서로 자신의 정체를 숨긴 채 익명으로 소통하는 경우에는 깊은 관계로 이어지기 어렵다는 사실에서도 드러난다. 남모르는 신체적 비밀, 남이 알게 되면 악용할 수도 있는 약점, 남에게는 털어놓기 어려운 소중한 진심 등을 솔직하게 이야기하는 태도가 관계를 단단하게 만드는 것이다.

우정을 위해 자기를 공개해야 하는 이유를 좀 더 자세히 살펴보자. 우선 자기공개는 처음에 누군가와 친구가 되기 위해서도 필요하고 이미 있는 친구와 우정을 깊게 하기 위해서도 필요하다. 먼저 아직 친구는 아니지만 호감을 가진 사람과 친해지고 싶다면 어느 정도 자기공개를 해야 한다. 서로에 대해 알지 못한 채로는 아무리 시간을 보내고 즐거운 경험을 함께 한다고 해도 그 관계의 깊이에 한계가 있기 때문이다. 그렇기 때문에 누군가와 친구가 되고 싶다면 상대가 나를 부정적으로 보거나 심지어 배신할 우려가 있더라도 용기를 내어 자기공개를 해야 한다. 앞서 말했듯 신뢰 형성이 우정의 절대적 필요조건이기 때문이다.

있는 그대로의 나를 받아주는 관계를 만들기 위해서는 먼저 있는 그대로의 자기 모습을 보여주어야 할 것이다. 그래서 누군가와 친구가 되고 싶을 때는 솔직한 자신의 모습을 보여주어야 한다. 진정한 친구나 친구가 되고 싶은 상대에게는 남들이 좋게 볼 면만 선별해서 보여주며 즐겁고 행복한 시간을 보내려 애쓰지 않는다. 대신 솔직한 태도로 자기공개를 하며 조언을 구하거나 위로를 받는다. 이런 과정을 거치며 신뢰와 우정은 더욱 깊어진다. "이건 우리 둘만의 비밀이야."라는 말을 들을 때 왠지 더 가까워진 듯한 느낌이 드는 것도 같은 이유에서다.

이미 깊은 관계를 형성한 진정한 친구 사이에서는 거리낌 없이 자기공개를 한다. 그런 우정을 나누는 친구 사이에서는 '이렇게 중요하고도 사적인 정보를 밝혀도 될까?'라고 묻는 자기 점검의 강도가 상대적으로 약하다. 그는 나의 비밀을 듣고 나를 나쁘게 보거나, 그 비밀을 다른 사람에게 퍼뜨려 불이익을 주지는 않을 거라 믿기 때문이다.

친한 친구끼리는 오히려 서로의 중요한 비밀을 나누지 않을 때 서운함을 느끼기도 한다. 만약 친구가 자신의 힘든 일을 나에게 숨기거나, 나 대신 다른 사람에게 털어놓았다는 사실을 알게 된다면 어떨까? 예를 들어 친구가 최근 직장에서 힘든 일을 겪고 있었는데 나에게는 아무 말도 하지 않았다는 사실을 나중에 다른 사람을 통해 들었을 때. "왜 나한테는 말 안 했어?"라고 묻게 된다. 이 말 속에는 단순한 호기심이 아니라 '그만큼 나는 믿을 만한 친구가 아니었나' 하는 서운함이 숨어 있다. 이직, 연애 등 인생의 큰 결정을 친구가 이미 다 정해놓고 뒤늦게 알려왔을 때. "그런 큰일을 나한테는 한마디도 안 했구나."라는 말에는 '함께 나누고 의논해주고 싶었다'는 정서적 배제감이 담겨 있다. 이런 경우 서운함을 넘어 신뢰에도 금이 갈 수 있다. 진정한 친구란 '있는 그대로의 나'를 공유할 수 있는 관계이기 때문이다.

물론 그런 경우에 "네가 너무 걱정할까봐 그랬어.", "너도 힘들어 보여서 더 큰 부담을 주기는 싫었어."라고 말하면 그런 서운함이 눈 녹듯이 사라질 수도 있다. 자기공개를 하지 않은 이유가 나를 가깝게 여기지 않거나 믿지 못해서가 아니라 오히려 나를 향한 배려 때문이었다는 사실을 전해주기 때문이다. 어떤 면에서는 자기공개를 하지 않은 이유에 대해서 털어놓는 것도 중요한 자기공개의 일종이라고 할 수도 있다.

이처럼 자기공개는 친구 사이에 오해 없이 진심을 나누고 소통하기 위해서도 중요하다. 자신의 속내를 말하지 않는다면 오해가 쌓여 의도치 않은 다툼과 갈등이 일어날 수도 있기 때문이다. 자기공개를 하지 않는 채 가까이에서 친하게 지내면 내밀한 부분이 공유가 되지 않아 다툼이 더 일어날 수도 있다. 그런 점에서 서로의 마음을 숨기지 않고 전하는 태도는 우정이 오해와 다툼 없이 지속되도록 하기 위해서도 중요하다.

설익은 드러냄은 독이 된다

물론 상대와 상황을 가리지 않는 무분별한 신뢰는 독이 될 수 있으며, 무분별한 자기공개도 마찬가지이다. 누군가에게 자신을 드러내는 일은 위험을 동반한다. 어떤 비밀은 드러내는 자체만으로도 충분히 부끄럽고 불안할 수도 있다. 게다가 중요한 정보나 약점을 알려주는 경우 상대가 그걸 악용하거나 나에게 불이익을 줄 가능성도 배제할 수 없다. 그래서 우리는 새로운 친구를 사귀거나 우정을 이어갈 때 '친구에게 나를 얼마나 보여줘야 할까?'라는 근본적인 물음에 대해 고민해야 한다.

솔직하게 이야기하는 일이 언제나 아름다운 결과로 이어지지는 않는다는 사실을 분명히 기억해야 한다. 자기공개는 '선물'처럼 언제나 반겨져야 하는 것이 아니다. 상대가 아직 그만큼 가까워질 준비가 안 되었을 수도 있고 그 정보가 상대에게는 부담일 수도 있다. 가령 친구 사이는 모르는 것이 없어야 한다는 이유로 가족사를 속속들이 털어놓는다면, 어떤 이에게는 오히려 무겁게 느껴질 수 있다. 상대의 친해지고 싶은 마음이 나만큼 크지 않을 때는 더욱 그렇다. 이런 경우 심리적 불쾌감을 주는 '고백 공격'이 될 위험이 있다.

이는 친구 사이에 주고받는 선물이 항상 긍정적인 결과를 낳지는 않는 것과 같다. 취향이나 생활 방식이 다르면 주는 사람의 의도와 달리 받는 사람의 반응은 다를 수 있다. 가령 요즘 파충류 키우기가 유행이라는 이유로 친구에게 이구아나를 선물한다고 가정해보자. 평소 파충류를 좋아 하는 사람이라면 고마워하겠지만, 무서워하거나 동물을 키울 여력이 없는 사람에게는 거부감이 들 수 있다.

그럼에도 진정으로 가치 있는 일은 언제나 용기를 필요

로 한다. 가까운 관계를 이루는 일은 더욱 그렇다. 자신을 드러내는 위험을 감수하지 않고는 진정한 친구 관계로 발전하기 어렵다. 자기공개가 없는 관계는 피상적인 수준에 머물고 만다. 진짜 친구란 서로를 있는 그대로 드러낼 수 있는 신뢰가 쌓였을 때 비로소 생기는 것이기 때문이다.

그렇다면 과연 친구에게 나에 대해 어느 정도까지 공개해야 할까? 이에 관해 누구에게나 통용되는 보편적인 기준이 딱히 존재하지는 않는다. 반드시 많은 정보를 공개해야 할 필요도 없다. 누군가에게는 큰 비밀이 그걸 듣는 사람에게는 대수롭지 않은 일일 수도 있다. 같은 종류의 정보를 두고도 어떤 사람은 많은 사람에게 거리낌없이 공개하는 반면 어떤 사람들은 아주 가까운 사람들에게만 공개하기도 한다. 이처럼 균형 잡힌 자기공개를 위해서는 상대와 맥락을 잘 파악해야 한다. 우정을 돈독하게 하는 것은 정보 공개의 범위와 양이 아니라 '이유'이기 때문이다.

한 가지 예를 들어보자. 내가 초등학생일 때 나는 한 친구와 자주 놀며 아주 가깝게 지냈다. 그러다 보니 마음의 문이 열려 내 딴에는 오래 간직했던 큰 비밀을 고백한 적이 있다. "나… 사실 집에서 피아노 위에 있던 동전을 몰래 가져가서 오락한 적이 있어. 그게 지금까지 마음에 걸려." 나에겐 오랫동안 혼자 부끄러움으로 품고 있던 고민이었다.

용기를 내어 고백했을 때 친구는 "그래? 난 또 뭐 대단한 거라고. 그럴 수도 있지. 뭘 그런 걸 갖고 그래."라고 말했다. 처음엔 나의 무거운 비밀을 대수롭지 않게 여기는 듯한 태도에 서운함이 들려고 하다가 문득 묘하게 마음이 가벼워짐을 느꼈다. '이걸 말했는데 나를 나쁘게 보지 않는구나'라는 안도감, '있는 그대로의 나'가 거절되지 않았다는 것이 마음을 편하게 했다. 씨익 웃으며 나는 말했다. "야, 나로선 너한테만 나름대로 엄청 중요한 얘기 해준 거다?" 그 순간 우리는 한층 가까워졌다.

이 경험이 가르쳐준 것은 분명하다. 자기공개의 가치는 '얼마나 많이 말했느냐'가 아니라 '누구에게, 어떤 마음으로 말했고 나아가 어떤 반응을 만났느냐'에 달려 있다. '나는 아무에게나 이런 얘기를 하지 않지만 너에게는 말한다'라는 선택과 위험 감수의 표시가 담겼을 때 고백은 신뢰의 신호가 된다. 그 내용 자체는 중요하지 않다. 반대로 듣는 사람의 안전한 수용, 즉 비밀을 흘리지 않고 평가보다 먼저 공감과 안심을 건네는 태도로 이어질 때 그 신호는 비로소 신뢰의 다리가 된다.

한편 자연스러운 맥락 속에서 허심탄회한 대화를 나누며 상대가 거부감 없이 받아들일 수 있는 정도의 정보만 나누는 것이 바람직하다. 자신은 공개하고 싶지만 상대에게는 부담스러운 정보라면 'TMI^{Too much information}'가 될 수 있다. 그래서 현명한 자기공개에는 자신의 입장에서 용기를 내는 것뿐 아니라, 그 말을 들을 상대의 입장까지 고려하는 배려심이 필요하다.

또한 모든 관계가 상호 신뢰를 바탕으로 하지는 않기에 신뢰가 형성되기 전의 과도한 정보 공개는 위험할 수 있다. 서로의 비밀을 지켜주는 것이 기본적인 도리라고 생각하더라도 상대가 그 책임감을 충분히 느끼지 않을 가능성이 있기 때문이다. 고백하는 쪽은 상대의 선을 존중해야 하고, 듣는 쪽은 비밀 보장의 윤리, 즉 함부로 퍼뜨리지 않고 약점으로 이용하지 않는 태도를 지켜야 한다.

마음을 열고 자기공개를 할 때는 상대도 자연스럽게 자기공개로 화답하길 기대하게 된다. 이는 우정을 쌓아가는 자연스러운 과정이다. 그러나 상대의 반응이 항상 기대와 같지는 않을 수 있다.

자기공개를 할 때는 두 가지를 신중히 고려해야 한다. 먼저 상대가 나의 비밀을 발설하거나 약점을 공격하는 등 부도덕한 사람은 아니라는 신뢰가 바탕이 되어야 한다. 그리고 그도 나에게 자기공개를 할 정도로 친해지고 싶어 하는 마음이 있다는 기대, 혹은 희망이 있을 때 자신에 대해 털어놓을 필요가 있다.

나의 과거, 흑역사를 다 듣고도 나를 친구로 받아주며, 그 역시 자신의 비밀을 고백해온다면 어떨까? 이 두 사람은 더 끈끈하고 동등한 관계로 발전한다. 이 과정을 통과해야 비로소 진정한 신뢰와 깊이가 형성된다. 이런 이유로 자기공개는 피상적인 관계를 넘어서는 중요한 요소가 된다. 서로를 이해하고 있는 그대로 받아들이는 깊은 우정을 만드는 데 꼭 필요하다.

친구는 나 자신을 솔직히 드러냈음에도 불구하고 곁에 머물러주는 사람이다. 그래서 "친구란 당신이 있는 그대로의 자신으로 있을 완전한 자유를 주는 사람이다"이란 말이 있다. 내가 잘나갈 때만 옆에 있는 사람이 아니라 경제적으로 힘들거나 곤란한 처지에 있을 때, 심지어 잘못을 했을 때도 변함없이 함께해주는 사람이다. 이런 친구가 한 명이라도 있다면 세월이 변해도, 세상이 나를 비난해도 두렵지 않다. 나를 있는 그대로 받아주는 친구를 만나기 위해서는 먼저 나를 있는 그대로 보여주어야 한다. 그 모험은 위험하지만, 가치 있는 우정의 오디세이다.

"존경 받기보다 사랑 받기를 구하라"

'내가 이 말을 하면 이제 날 싫어할지도 몰라.' '나의 이런 모습을 보면 실망하고 멀어질 거야.' 이런 두려움을 갖고 대하는 관계에서는 나의 가면을 벗을 수 없다. 가면을 벗는 순간 그 관계가 무너질 것이라는 두려움에 더욱더 진실한 내 모습을 숨기는 데 급급하게 된다.

철학자 비트겐슈타인은 "존경 받기보다 사랑 받기를 구하라."고 말했다. 이 말은 친구를 사귈 때 우리가 흔히 빠지는 함정을 날카롭게 짚어준다. 대부분의 사람은 있는 그대로의 자신으로 사랑받고 싶어 하면서도, 동시에 자기가 가진 장점으로 존경받고 싶어 한다. 그래서 자신의 약점이나 불안, 서툰 부분은 감추고 잘나 보이는 모습을 내보이려 한다.

하지만 그런 관계는 진정한 우정으로 자라나기 어렵다.

우정은 완벽한 모습으로 존경받는 관계가 아니라, 있는 그대로의 모습으로도 받아들여지는 경험 속에서 싹트기 때문이다. 서로의 약점을 감추지 않고 드러낼 때 비로소 우리는 서로의 장점에 대한 존경을 넘어 서로의 존재 자체에 대한 사랑을 나누는 진정한 친구가 될 수 있다.

앞서도 언급했듯이 진정한 우정을 나누는 관계라면 서로 친밀감의 씨앗을 잘 관리하면서 그 싹이 자라 열매를 맺기까지 다양한 위험을 기꺼이 감내해야 한다. 적당히 괜찮은 나만 보여주고 피상적인 관계만 유지하고자 한다면 친밀감의 싹은 우정이라는 열매를 맺기 어려울 것이다.

거절과 부정적 평가, 험담 등에 대한 불안을 극복하고 솔직한 나를 보여주는 용기를 내야 한다. 그래야 진정한 소통이 가능하고 서로를 있는 그대로 받아들이는 우정의 관계가 형성될 수 있다. 흔히 말하는 '허물 없는 사이'란 바로 그런 사이다. 지금 내 곁에 있는 사람들과 어떻게 하면 진정한 우정을 찾을 수 있을지 고민해보자. 그때야 비로소 외로움을 이겨내도록 도와주는 진정한 '함께함'을 누릴 수 있을 것이다.

Q 외로움과 우정, 사이의 철학 A

최근 인간관계를 조언하는 책 등에서 '가까운 사이일수록 사적이고 내밀한 영역에 대해서는 말하지 말라'고 조언한다. 솔직함에도 윤리적 잣대가 적용되어야 할까?

사람들에게 인간관계를 조언하는 책이나 강연을 보면, 정반대의 말을 하는 것처럼 보일 때가 있다. 어떤 이들은 "부끄러운 모습을 숨기지 말라."고 말한다. 미국의 작가 브레네 브라운은 "용기는 자신을 드러내는 데서 시작한다."고 했다. C.S. 루이스 또한 "우정은 '진짜? 너도 그랬어? 나만 그런 줄 알았는데!'라는 한마디에서 시작된다."고 말했고, 이런 말을 들으면 진정한 친구란 서로의 약점이나 비밀까지도 나눌 수 있는 존재라는 생각이 든다. 자기 자신을 솔직히 드러낼 수 있을 때 비로소 관계의 문이 열린다는 것이다.

하지만 반대로 가까운 사이일수록 오히려 더 말을 아껴야 한다는 충고도 많다. 쇼펜하우어는 "비밀을 털어놓는 것은 자신의 약점을 남의 손에 쥐여주는 일"이라고 경고했고, 니체는 "가장 친한 친구에게조차 네 가장 은밀한 고통을 다 말하지 말라."고 말했다. 심지어 벤자민 프랭클린은 "세 사람이 비밀을 지킬 수 있다면, 둘은 죽었을 때뿐이다."라며 인간관계의 위태로움을 위트 있게 비틀기도 했다.

그렇다면 우리는 과연 어느 장단에 춤을 추어야 하는 것일까? 사실 자기공개에 대한 격언 뿐만 아니라 인생에 대한 조언은 모아 놓고 보면 서로 모순되는 경우가 많다. "될 성 부른 나무는 떡잎부터 알아본다."는 속담이 있는가 하면 "큰 그릇은 늦게 완성된다.大器晚成'는 고사성어도 있다. 현재를 견디라는 의미로 "이 또한 지나가리라.This too shall pass"라는 말도 있고 현재를 즐기라는 의미로 "오늘을 붙잡아라.Carpe diem"라는 말도 있다. 그런가 하면 "모르는 게 약이다."라는 말도 있고 "아는 게 힘이다."라는 말도 있다.

이처럼 짧은 조언들은 따로 놓고 보면 상황에 따라 맞기도 하고 틀리기도 하다. 중요한 것은 그런 말들을 자기 삶의 맥락에 맞게 적용하고 실천하며 살아가는 지혜다. 진실을 얼마나 솜씨 있게 전달하는지는 지혜의 척도가 된다.

우정에서도 드러낼 때와 감출 때를 아는 지혜가 필요하다. 결국 각자가 친구와의 관계에서 어떤 정보를 어디까지 공유해야 서로에게 좋을지 현명하게 판단해야 한다.

이 말을 하면 친구가 기분 나빠하지는 않을지, 친구가 알아도 아무런 도움이 안 되는 정보는 아닌지, 차라리 친구가 모르는 게 나은 정보는 아닌지 신중하게 생각해보자. 자기가 아는 진실을 모두 말한다고 해서 솔직한 것은 아니다. 지혜로운 것은 더더욱 아니다. 때로는 자기만 부끄러워지고 친구는 부담스러워지는 쓸데없는 자기공개도 있으니 말이다. 결국 각자가 친구와의 관계에서 이러한 개별적 상황을 살피며 어떤 정보를 어디까지 공유해야 서로에게 좋을지 현명하게 판단해야 한다.

SNS 시대의 '연결된 고립' 문제를 해소하기 위해서 개개인들은 어떤 노력을 기울여야 할까? 그리고 바람직한 SNS 관계를 위해 정립해야 할 윤리적 가치에는 어떤 것들이 있을까?

SNS상의 팔로워나 친구 수는 많지만 실제로 그들과 마음을 깊이 나누며 때로는 만남을 이어가는 관계는 드물다. 그들은 나의 일상이 흥미로울 때 게시물에 '좋아요'를 눌러주는 대상에 그치기 쉽다. 나 역시 그들에게는 보여주고 싶은 내 모습만 공개하기 때문에 진정한 우정의 조건인 자기공개와 신뢰가 전제되기 더욱 어려운 것이다. 그래서 SNS상에서 만난 인연으로 진심 어린 우정을 나누기란 쉽지 않다. 물론 온라인상의 만남이 오프라인으로 이어져서 깊은 유대감을 형성하는 경우도 있겠지만, 이런 경우는 드물다. 온라인상의 관계는 그 특성상 있는 그대로의 내 모습을 보여주고, 하고 싶은 말을 거리낌 없이 하면서 온전히 감정을 나누기에는 적절하지 않기 때문이다.

그래서 SNS 시대에는 외로움을 달래기 어려운 피상적인 인간관계가 쉽게 확장된다. 이런 상황에서는 매체의 특징과 한계를 명확히 파악하는 지혜가 필요하다. 실시간으로 얼굴을 맞대고 하는 대화와 달리 SNS를 통한 교류에는 심리적으로 '무례'에 무뎌지게 만드는 특성이 있다. 메시지를 읽고도 모른 척하거나, 얼굴을 보고는 하지 않았을 말을 쉽게 내뱉거나, 자기도 모르게 오해를 살 표현을 하기도 한다. 이런 점을 미리 인식하고 SNS에 글을 올릴 때는 직접 만날 때보다 더 신중한 태도를 취해야 한다.

그 한계를 인지했다면 SNS를 통한 교류 자체를 줄이는 것도 하나의 방법이 될 수 있다. 하루에 자신이 SNS에 얼마나 많은 시간을 쓰는지, 그 노력과 시간 중 진실한 인간관계를 맺는 데 도움이 되는 게 어느 정도인지를 살펴보아야 한다. 적절한 사용 시간을 정하고, 대신 친구와 약속을 잡아 직접 만나 함께하는 시간을 조금씩 늘려간다면 진정한 우정이 자라나는 데 도움이 될 것이다.

나가는 글

나에서 우리로,
외로움이 우정이 되기까지

지금까지 외로움에서 벗어나기 위해 어떤 '함께함'을 추구해야 하는지 알아보았다. 혼자서 살 수 없는 결국 불완전한 존재인 인간에게 바람직한 우정이야말로 가장 소중한 가치다. 그런 함께함을 우리는 흔히 '우정'이라고 부르지만, 그 귀한 이름에 어울리는 진짜 우정은 그리 흔하지 않다. 그걸 이루어내기 위해서는 나도 상대도 함께 노력해야 한다.

하나에서 둘로의 이행은 실로 엄청난 것이다. 기하학에서 하나는 고립된 점이지만 둘은 서로 이어진 선이 된다. 음악에서 하나는 단조로운 음이지만 둘은 화음과 멜로디를 이룬다. 인간의 세계에서도 마찬가지다. 하나는 혼자지만 둘은 함께다. 하나는 '나'이지만 둘은 '우리'다. 그리고 하나는 외롭지만 둘은 외롭지 않다.

앞서 말했듯 아리스토텔레스는 깊은 친밀한 관계를 나눈 사람을 '또 다른 자아'라고 불렀다. 그런 친구나 가족을 둔 사람은 '나'를 또 한 명 가진 듯한 든든함을 느끼기 때문에 나온 말일 것이다. 결국 '나 혼자'라는 외로움을 달래줄 수 있는 사람은 나 자신만큼이나 나를 받아주고 알아주며 아껴주는 존재다.

관계를 맺는다는 것은 누군가의 손을 잡는 일이다. 손을 잡으면 온기가 서로에게 전해지듯, 진실한 관계에서 비롯된 우정과 사랑은 서로의 삶에 따스함을 전해주며 외로움을 극복하는 데 도움을 준다. 함께 외로움에서 벗어나기 위해서는 무엇보다 관계의 소중함을 늘 인식하고 있어야 한다.

지금 내 삶에서 가장 소중한 가족과 가장 친한 친구를 떠올려보자. 그들과 늘 만나고 함께한다는 이유로 관계의 가치와 의미를 잊은 채 그들이 영원히 곁에 있을 거라 착각하고 있는 건 아닌지 돌아볼 일이다. 그러므로 내가 그들에게 조금 더 좋은 친구이자 가족이 되겠다는 마음으로 변함

없는 관심과 이해, 수용을 이어가야 한다.

"평생 갈 소중한 친구가 한 명이라도 있으면 성공한 인생이다." 나이가 들수록 더 공감하게 되는 말이다. 만일 지금 그런 친구가 있다면 더없이 소중히 여기고, 화초를 가꾸듯 성심껏 관계를 돌봐야 한다. 그런 친구가 아직 없다면 아무리 바쁘고 귀찮더라도 진심으로 주변 사람들을 대하며 친해지려는 노력을 해야 한다.

사르트르는 이렇게 말했다. "혼자 있을 때 외로움을 느낀다면, 좋지 않은 관계에 놓인 것이다." 삶 속에서 우정과 사랑을 나눌 진정한 친구를 찾는 일은 네잎 클로버를 발견하는 것만큼이나 어렵다. 그런 친구를 만나게 되었다면 그것은 큰 행운이다. 일상 속에서 친구의 소중함을 잊은 채 그 존재가 곁에 있다는 사실을 너무 당연하게 여기고 있는 건 아닌지 한 번쯤 돌아보아야 한다.

인생은 돌아갈 곳이 있으면 여행이고 돌아갈 곳이 없으면 고행이다. 우리는 나의 고향이 되어 주는 '당연'한 존재들을 좀 더 소중히 여겨야 하겠다. 서로의 존재가 외로움을 달래주는 사이, 그래서 그 존재 자체가 고마운 사이. 그것이 바로 '우정'이니까.

참고문헌

Bennett W. Helm, "Love Friendship And The Self", Oxford, GB: Oxford University Press UK, 2010

Kawall, J., "Friendship and epistemic norms", Philosophical Studies, 165(2), 349-370, 2013.

Keller, S., "Friendship and Belief", Philosophical Papers, 33(3), 329–351, 2004, https://doi.org/10.1080/05568640409485146.

Roberts, Tom, and Joel Krueger, "Loneliness and the Emotional Experience of Absence", Southern Journal of Philosophy 59(2), 185–204, 2021.

Tillich, Paul., "Loneliness and Solitude", The Eternal Now, 1963.

Um, "Solving the Puzzle of Partiality", Journal of Social Philosophy, 2021.

라르스 스벤젠, 이세진 옮김, 『외로움의 철학』, 청미, 2019.

로빈 던바, 안진이 옮김, 『프렌즈』, 어크로스, 2022.

마르쿠스 툴리우스 키케로, 천병희 옮김, 『노년에 관하여 우정에 관하여』, 숲, 2005.

아리스토텔레스, 강상진, 김재홍, 이창우 옮김, 『니코마코스 윤리학』, 길, 2011.

요한 G. 치머만, 이민정 옮김, 『고독에 관하여』, 중앙북스, 2024.

임마누엘 칸트, 백종현 옮김, 『윤리형이상학』, 아카넷, 2012.

최훈, 『개와 고양이의 윤리학』, 사월의 책, 2025.

"존경 받기보다 사랑 받기를 구하라."

_비트겐슈타인

"Aim at being loved without being admired."

KI신서 13956
혼자는 외롭고 함께는 괴로운 당신에게

1판 1쇄 인쇄 2025년 11월 25일
1판 1쇄 발행 2025년 12월 10일

지은이 엄성우
펴낸이 김영곤
펴낸곳 ㈜북이십일 21세기북스

서가명강팀장 김민혜 **서가명강팀** 최현지 이정미
마케팅 강효원
디자인 표지 본문 STUDIO보글 **조판** THIS-COVER **푸른나무디자인**
영업팀 정지은 한충희 남정한 장철용 강경남 황성진 김도연 이민재
제작팀 이영민 권경민

출판등록 2000년 5월 6일 제406-2003-061호
주소 (10881)경기도 파주시 회동길 201(문발동)
대표전화 031-955-2100 **팩스** 031-955-2151 **이메일** book21@book21.co.kr

(주)북이십일 경계를 허무는 콘텐츠 리더

21세기북스 채널에서 도서 정보와 다양한 영상자료, 이벤트를 만나세요!
페이스북 facebook.com/21cbooks   포스트 post.naver.com/21c_editors
인스타그램 instagram.com/jiinpill21   홈페이지 www.book21.com
유튜브 youtube.com/book21pub

서울대 가지 않아도 들을 수 있는 **명강의!** 〈서가명강〉
유튜브, 네이버, 팟캐스트에서 '**서가명강**'을 검색해보세요!

ⓒ 엄성우, 2025

ISBN 979-11-7357-656-0 (03100)

책값은 뒤표지에 있습니다.
이 책 내용의 일부 또는 전부를 재사용하려면 반드시 (주)북이십일의 동의를 얻어야 합니다.
잘못 만들어진 책은 구입하신 서점에서 교환해드립니다.